Das Gesetz

betreffend die

Anlegung und Veränderung von Straßen und Plätzen in Städten und ländlichen Ortschaften

vom 2. Juli 1875.

Von

R. Friedrichs,
Oberverwaltungsgerichtsrath.

Zweite umgearbeitete und vermehrte Auflage.

Berlin.
Verlag von J. Guttentag
(D. Collin).
1889.

Abkürzungen.

A. H. = Abgeordnetenhaus.
Cs. = Civilsenat.
E. = Entscheidung.
Gruchot = Gruchot, Beiträge zur Erläuterung des Deutschen Rechts.
H. H. = Herrenhaus.
Hülfss. = Hülfssenat.
J. M. Bl. = Justiz-Ministerial-Blatt.
Komm. = Kommission.
M. Bl. = Ministerialblatt für die innere Verwaltung.
O. Tr. = Ober-Tribunal.
O. V. G. = Oberverwaltungsgericht.
P. V. Bl., Jhrg. = Preußisches Verwaltungsblatt, Jahrgang.
Sten. Ber. = Stenographische Berichte.
Strieth. = Striethorst, Archiv für Rechtsfälle.

Vorwort
zur ersten Auflage.

Obgleich die wichtigeren Aussprüche des Oberverwaltungsgerichts theils sofort durch öffentliche Blätter und Zeitschriften zur allgemeineren Kenntniß gebracht zu werden pflegen, theils in dem jährlich erscheinenden Bande der gedruckten Entscheidungen Aufnahme finden, lehrt die Erfahrung, daß dieselben Fragen, welche bereits in einer Reihe von Fällen an das genannte Gericht gelangt sind, immer wieder von Neuem zum Gegenstande der Erörterung im Verwaltungsstreitverfahren gemacht werden. Daran tragen nicht blos die betheiligten Privatpersonen, sondern in nicht unerheblichem Maße auch die Behörden schuld, so daß die Bekanntschaft mit der Rechtsprechung des Oberverwaltungsgerichts offenbar bisher nur eine recht unvollkommene geblieben ist. Es dürfte deshalb nicht unzweckmäßig sein, die Erkenntnisse des Oberverwaltungsgerichts den davon betroffenen Kreisen in anderer Weise nahe zu bringen. Dazu bietet sich von selbst die Form eines Kommentars der einschlagenden Gesetze, worin die Auslegungen der letzteren durch den mehrgedachten Gerichtshof am besten in ihren praktischen Ergebnissen verwerthet werden können.

Wenn nach dieser Richtung hin zunächst in dem vorliegenden kleinen Werke ein Versuch mit dem Straßen- und Baufluchtengesetze vom 2. Juli 1875 gemacht ist, so konnte sich derselbe nicht auf diejenigen Theile des Gesetzes beschränken, welche der Beurtheilung des Verwaltungsrichters anheimfallen. Bei den übrigen Theilen sind neben den veröffentlichten Erkenntnissen der Civilgerichte, soweit diese hier in Betracht kommen, die Erfahrungen benutzt worden, welche der Verfasser in seiner früheren Thätigkeit als Verwaltungsbeamter und Mitglied eines Provinzialrathes zu sammeln Gelegenheit gehabt hat, so daß der Kommentar in dieser Beziehung ebenfalls nicht blos auf theoretischen Erwägungen beruht. Von den Erkenntnissen des Oberverwaltungsgerichts sind auch die bisher ungedruckten sämmtlich berücksichtigt. Dabei ist der Gedanke leitend gewesen, daß in Betreff der durch das Oberverwaltungsgericht entschiedenen Punkte von einer ausführlichen Begründung füglich abgesehen werden dürfe, weil entweder die getroffene Entscheidung sich mehr oder weniger von selbst rechtfertigt oder die nähere Motivirung aus der Sammlung der gedruckten Entscheidungen entnommen werden kann. Dagegen erschien eine eingehendere Erörterung nicht wohl zu vermeiden, wo das Oberverwaltungsgericht bisher zu den betreffenden Fragen noch keine feste Stellung genommen hat. — Die Aussprüche des genannten Gerichts sind allerdings zur Zeit von unmittelbar maßgebendem Werthe nur für die s. g. Kreisordnungsprovinzen; man wird ihnen aber nach der Stellung des Gerichts auch innerhalb der anderen

Landestheile eine schwerwiegende Bedeutung nicht absprechen können; wiederholt ist dies denn auch auf verschiedenen Gebieten von den höchsten Verwaltungsbehörden dadurch anerkannt, daß man sich der Ansicht des Oberverwaltungsgerichts, selbst wenn sie von der bisherigen Verwaltungspraxis abwich, ohne Weiteres angeschlossen hat.

Das Gesetz vom 2. Juli 1875 behandelt einen Gegenstand, welcher sowohl für die Einzelnen wie für die Gemeinde- und Polizeibehörden von hervorragender Wichtigkeit ist; es wird in der Mehrzahl der Städte fortwährend zur Anwendung gebracht, und es birgt trotz seiner Kürze eine unverhältnißmäßig große Zahl von Zweifeln. Um so mehr möchte vielleicht ein Handbuch, welches den Behörden und den Privatpersonen praktisch brauchbare Fingerzeige giebt, von Nutzen sein können. Möge denn das vorliegende Schriftchen diesen Zweck wenigstens einigermaßen erfüllen.

Der Verfasser.

Vorwort
zur zweiten Auflage.

Seit dem Erscheinen der ersten Auflage im Jahre 1882 ist das Gesetz vom 2. Juli 1875 sowohl bei dem Oberverwaltungsgerichte wie bei dem Reichsgerichte Gegenstand der Rechtsprechung in einem Umfange geworden, welcher eine völlig neue Durcharbeitung des Kommentars erforderlich gemacht hat. In Folge dessen sind die Erläuterungen derart angewachsen, daß der praktische Gebrauch sehr erschwert sein würde, wenn sie wie früher den einzelnen Paragraphen hinzugefügt wären. Es erschien daher rathsam, das Gesetz unzerstückelt vorweg zum Abdruck zu bringen und erst demnächst die Erläuterungen folgen zu lassen. Um den Ueberblick und das Auffinden der einzelnen Erörterungen zu erleichtern, ist bei jedem Paragraphen auf die zugehörigen Bemerkungen unter Angabe der Seitenzahl verwiesen, der Kommentar mit entsprechenden Ueberschriften versehen und außerdem ein genaues Inhaltsverzeichniß sowie ein Register beigegeben.

Berlin im April 1889.

Der Verfasser.

Inhaltsverzeichniß.

                                                    Seite

I. Einleitung 1
II. Das Gesetz vom 2. Juli 1875 11
III. Erläuterungen.

Zu §. 1.

1. Geltungsbereich des Gesetzes 21
2. Ueberschrift desselben 21
3. Begriff der Straßen und Plätze 21
4. Oeffentliche und Privatstraßen 23
5. Nothwendigkeit einer Fluchtlinienfestsetzung. Festsetzung zu anderen Zwecken 24
6. Festsetzung durch den Gemeindevorstand. Mitwirkung der Gemeinde und der Ortspolizeibehörde. Die Befugnisse der letzteren können von zwei verschiedenen Organen ausgeübt werden 25
7. Positives Eingreifen der Ortspolizeibehörde und Grenzen desselben 28
8. Umfang und Zubehör der Straßen 30
9. Vorgärten 31
10. Bedeutung der Baufluchtlinie. Bau hinter derselben .. 33

Zu §. 2.

1. Bedeutung des Ausdruckes: „Straßentheil" 34
2. Aufstellung von Bebauungsplänen 34
3. Insbesondere bei Wiederbebauung ganzer Ortstheile .. 35

X   Inhaltsverzeichniß.

Seite

Zu §. 3.
1. Die bei der Fluchtlinienfestsetzung zu beachtenden Rücksichten 35
2. Breite der Straßen 36

Zu §. 4.
Genaue Bezeichnung der Grundstücke. Bestimmung wegen
Höhenlage und Entwässerung der Straße 36

Zu §. 5.
1. Zustimmung der Ortspolizeibehörde zu der Festsetzung . . 37
2. Ablehnung einer Festsetzung durch den Gemeindevorstand 37
3. u. 4. Stellung und Befugnisse des Kreisausschusses 37—38

Zu §. 6.
1. Vorgängige Verhandlung mit den betheiligten Behörden 38
2. Folgen einer unterlassenen Benachrichtigung 38
3. Verhältniß der betheiligten Behörden zu der Ortspolizeibehörde und den Beschlußbehörden 39

Zu §. 7.
1. Anwendung des vorgeschriebenen Verfahrens 41
2. u. 3. Oeffentliche Auslegung des Planes 42
4. Ausnahme bei einzelnen Grundstücken 43
5. Frist zur Erhebung von Einwendungen 43

Zu §. 8.
1. Verhandlung mit den Beschwerdeführern 44
2. Aufgaben des Kreisausschusses 44
3. Feststellung einzelner Theile des Planes 47
4. Nothwendigkeit der Feststellung 48
5. Unangreifbarkeit derselben 48
6. Kosten des Verfahrens 48

Zu §. 9.
1. Ortschaften, die sich über mehrere Kommunalbezirke erstrecken 48
2. Beschlußfassung des Kreisausschusses 48

Inhaltsverzeichniß. XI

Seite

Zu §. 10.
1. Verfahren bei früheren Fluchtlinienfestsetzungen 48
2. Veröffentlichung älterer Bebauungspläne. Folgen der unterlassenen Veröffentlichung 49
3. Zweifel über festgestellte ältere oder neuere Fluchtlinien 50
4. u. 5. Durchführung des Planes. Zuständigkeit der Ortspolizeibehörde .... 50—51
6. Verhältniß des Gesetzes zu dem Eisenbahngesetze vom 3. November 1838 52

Zu §. 11.
1. Enteignungsrecht der Gemeinde ohne Königliche Verordnung 53
2. Begriff der „Neubauten, Um- und Ausbauten über die Fluchtlinie hinaus" 53
3. Stellung der Polizeibehörde und der Gemeinde zum §. 11 56
4. Bedeutung des Wortes: „endgültig" 61
5. Wirkung des Abschlusses oder der Einleitung des Verfahrens auf schwebende Streitsachen 64
6. Ueberschreitungen der Fluchtlinie und Enteignungsrecht der Gemeinde bei älteren Fluchtlinien 65

Zu §. 12.
1. Motive der Vorschrift 66
2. Erlaß des Ortsstatutes. Die dabei zu beobachtenden Formen 67
3. Nothwendigkeit der ergänzenden baupolizeilichen Bestimmungen. Formen für ihren Erlaß 67
4. Schranken der ortsstatutarischen Regelung 68
5. a. Das Verbot trifft nur projektirte Straßen 69
   b. Es trifft nicht die s. g. historischen Straßen 70
6. Bedeutung des Ausdruckes: „Straßentheil" 72
7. a. Das Verbot bezieht sich nur auf Wohngebäude, . . 73
   b. welche an der unfertigen Straße errichtet werden sollen 75
   c. mit einem Ausgange nach dieser 75
8. Ausnahmen von dem Bauverbote. Verhalten der Polizeibehörde dabei 76

Zu den §§. 13 und 14.

Seite

1. Die Vorschriften handeln nur von Entschädigungen für die aus dem Gesetze entspringenden Nachtheile ... 78
2. Wann tritt Entschädigung für Beschränkung des Grundeigenthums ein? 78
3. Entschädigung für Versagung der Bauerlaubniß vor endgültiger Fluchtlinienfestsetzung? 80
4. Die Versagung der Bauerlaubniß aus §. 12 muß dem Gesetze entsprechen 82
5. Entschädigung für Entziehung des Grundeigenthums. Fälle, in denen der Eigenthümer die Abnahme des Grundstückes fordern kann, und Verfahren in solchen Fällen 82
6. Nur die Gemeinde, nicht die Ortspolizeibehörde kann Abtretung des Grundstückes im Falle der Nr. 1 fordern 83
7. Begriff der „Gebäude" in Nr. 2. 84
8. Auch abgerissene oder zerstörte Gebäude können als noch vorhanden betrachtet werden 85
9. Freilegung des Grundstückes von Gebäuden 85
10. Auslegung der Nr. 3 86
11. Grundsätze für die Ermittelung der Entschädigung. Verhältniß des §. 13 Abs. 3 zu §. 9 des Enteignungsgesetzes. Bauplatzeigenschaft des Grundstücks. Keine Entschädigung für die Beitragspflicht aus §. 15 . . 91

Zu §. 15.

1. Erlaß des Ortsstatutes 93
2. u. 3. Die drei Fälle der Heranziehung: Anlegung einer neuen Straße, Verlängerung einer schon bestehenden Straße und Anbau an schon vorhandenen, bisher unbebauten Straßen und Straßentheilen 94–97
3. Die beiden Klassen der Pflichtigen: Unternehmer und Anlieger 98
4. Inhalt ihrer Verpflichtung im Allgemeinen: Herstellung und Unterhaltung der Straße oder Ersatz der Kosten oder Beitrag zu den letzteren. Berechnung der 13 m. 101

Inhaltsverzeichniß.

XIII

Seite

6. Als Anlieger sind verpflichtet alle Eigenthümer der an die Straße grenzenden, im Gemeindebezirke belegenen Grundstücke 103
7. Eintritt der Pflicht für die Anlieger
   a. entsteht nicht wegen der vor Anlegung der Straße errichteten Gebäude. Wann beginnt die Anlegung? Beginn der Anlegung nach Beginn der Errichtung des Gebäudes 105
   b. Die Art des errichteten Gebäudes ist unwesentlich. . 106
   c. Das Gebäude muß an der neuen Straße errichtet werden. Eckhäuser 107
   d. Auf eine bisherige Bebauung des Grundstückes kommt es nicht an 107
   e. Die Pflicht entsteht mit dem Beginn der Errichtung eines Gebäudes, nicht mit Ertheilung der Bauerlaubniß 108
   f. Bebauung durch einen Anderen als den Eigenthümer 109
8. Umfang der Ersatzpflicht für die Anlieger.
   a. Kosten der Freilegung. Dazu gehören auch die Grunderwerbskosten. Behandlung der Anlieger, welche ihre Grundstücke ohne vorher bedungenen Preis abgetreten haben 110
   b. Kosten der ersten Einrichtung, Entwässerung und Beleuchtung 112
   c. Ueber die Art des Ausbaues beschließt die Gemeinde 113
   d. Bei dem Ausbau handelt der Gemeindevorstand nicht als Geschäftsführer der Anlieger 113
9. Vertheilung der Kosten auf die Anlieger.
   a. Maßstab der Frontlänge des Grundstücks. Was ist ein selbständiges Grundstück? 114
   b. Bedeutung des Ausdruckes: „gesammte Straßenanlage" 115
   c. Können nur die „Gesammtkosten" vertheilt und eingezogen werden? 116
   d. Unterhaltungskosten 118
10. Die Anliegerbeiträge sind öffentlich rechtliche Gemeindelasten 119

	Seite
a. Eine Heranziehung oder Veranlagung vor Errichtung der Gebäude findet nicht statt	119
b. Verpflichtung der Gemeinde zur Rechnungslegung	119
c. Dinglicher Charakter der Last	121
d. Anwendung des Gesetzes über die Verjährungsfristen vom 18. Juni 1840	124
e. Die Gemeinde kann Sicherheitsleistung für die Beiträge nicht fordern	128
f. Die Handhabung der Baupolizei darf nicht dazu benutzt werden, die Anlieger zu ihren Pflichten anzuhalten	129
11. Charakter der Last des Unternehmers	130

Zu §. 16.

Einfluß der neueren Gesetzgebung. Wer ist zur Beschwerde berechtigt? 132

Zu den §§. 17 und 18.

Aufgehoben. Gegenwärtige Organisation der Behörden 133

Zu §. 20 134

Anhang:

Vorschriften für die Aufstellung von Fluchtlinien- und Bebauungsplänen vom 28. Mai 1876 135

Ortsstatut I für Berlin 143

Ortsstatut II für Berlin 144

Sachregister 149

I.
Einleitung.

Das Bedürfniß einer Regelung, wie sie durch das Gesetz vom 2. Juli 1875 erfolgt ist, war bereits seit längerer Zeit in bringender Weise hervorgetreten. Namentlich die in raschem Anwachsen begriffenen größeren Städte hatten fortgesetzt lebhafte Klagen darüber erhoben, daß ihnen die Verpflichtung, für Herstellung und Unterhaltung der Straßen und Plätze zu sorgen, eine Last aufbürde, die immer drückender werde und schließlich zum finanziellen Ruine des städtischen Haushaltes führen müsse. Die Staatsregierung sah sich deshalb veranlaßt, in den Entwurf der Wegeordnung, welcher dem Landtage im Januar 1865 zur Beschlußfassung zuging,[1]) unter den §§. 37 und 38 Bestimmungen, wodurch dies Gebiet neugeordnet werden sollte, aufzunehmen und dieselben später, als das Abgeordnetenhaus die Wegeordnung ablehnte, in einem besonderen, dem Landtage kraft Allerhöchster Ermächtigung vom 6. Februar 1866 vorgelegten Gesetzentwurfe zusammenzustellen.[2]) Wegen Schlusses der Session gelangte der Entwurf nur in der dazu eingesetzten Kommission des Herrenhauses zur Berathung,[3]) wurde aber noch im Laufe desselben Jahres auf Grund Allerhöchster Genehmigung vom 19. November 1866 mit einigen, den Beschlüssen der Herrenhaus-Kommission entsprechenden Abänderungen nochmals eingebracht[4]) und auch vom Herrenhause

---
[1]) Nr. 11 der Drucksachen des H. H. 1865.
[2]) Nr. 11 der Drucksachen des H. H. 1866.
[3]) Nr. 14 der Drucksachen des H. H. 1866.
[4]) Nr. 31 der Drucksachen des H. H. 1866, II. Sitzungsperiode.

im Wesentlichen unverändert angenommen.[1]) In der Kommission des Abgeordnetenhauses vermochte man sich dagegen über die maßgebenden Grundsätze nicht zu einigen, und so blieb der Entwurf liegen.

Erst am 28. Januar 1875 unterbreitete die Staatsregierung dem Hause der Abgeordneten von Neuem einen Gesetzentwurf,[2]) aus welchem demnächst das Gesetz vom 2. Juli 1875 hervorgegangen ist. Der Entwurf wurde vom Abgeordnetenhause einer besonderen Kommission überwiesen und hier einer durchgreifenden Umgestaltung unterzogen.[3]) Das Haus selbst nahm dann wieder verschiedene, zum Theil ebenfalls erhebliche Abänderungen vor.[4]) Im Herrenhause dagegen fand der so festgestellte Entwurf ohne vorgängige Kommissionsberathung Annahme; auch bieten die verhältnißmäßig kurzen Verhandlungen für die Auslegung keine Momente von Bedeutung.[5])

Die Regierungsvorlage verfolgt nach den ihr beigegebenen Motiven den Zweck, die Interessen der Gemeinden mit denen der Grundeigenthümer auszugleichen, will im Uebrigen soviel als thunlich an den bisher in der Verwaltung angenommenen und als praktisch bewährten Grundsätzen festhalten, berücksichtigt dabei indeß auch die neue allgemeine Bauordnung für das Königreich Württemberg vom 6. Oktober 1862, sowie das Großherz. Badensche Gesetz, die Anlage von Ortsstraßen und die Feststellung der Baufluchten sowie das Bauen längs der Landstraßen und Eisenbahnen betr., vom 20. Februar 1868. Sie zerfällt in vier Abschnitte:

I. Verfahren bei Festsetzung der Fluchtlinien (§§. 1—9, im Gesetze §§. 1—10).

---

[1]) Sten. Ber. des H. H. 1867 S. 209.
[2]) Nr. 23 der Drucksachen des A. H. 1875.
[3]) Nr. 279 der Drucksachen A. H. 1875.
[4]) Zweite Berathung Sten. Ber. S. 2027—2047, dritte Berathung S 2115—2128; vgl. Nr. 316, 354, 404, 417, 421, 423—425, 430 der Drucksachen.
[5]) Sten. Ber. des H. H. S. 613, 614. S. 648, 649. — Wo in den späteren Erläuterungen die Seitenzahl allein citirt wird, sind die Sten. Ber. des A. H. gemeint.

Einleitung.

II. Entschädigung der Grundeigenthümer (§§. 10 u. 11, im Gesetze §§. 13 u. 14).

III. Erleichterung der Gemeinden in Tragung der Kosten für neuanzulegende Straßen (§. 12, im Gesetze §. 15).

IV. Ausführungs= und Uebergangsbestimmungen (§§. 13—17, im Gesetze §§. 16—20).

I. Vor Erlaß des Gesetzes hatte über die Anordnung von Fluchtlinien lediglich die Polizeibehörde zu befinden. Ihre Befugniß dazu gründete sich in dem Gebiete des Allgemeinen Landrechts auf die Vorschriften der §§. 65 ff. Titel 8 Theil I daselbst, wonach Bauten nur mit Erlaubniß der Obrigkeit vorgenommen werden dürfen und letztere darauf zu achten hat, daß die Bauten nicht zum Schaden des gemeinen Wesens oder zur Verunstaltung der Städte und öffentlichen Plätze gereichen. Das hieraus abgeleitete Recht der Polizeibehörden, in einzelnen Fällen Fluchtlinien vorzuschreiben, bestand in unangefochtener Geltung und war auch in den meisten, auf Grund des Gesetzes über die Polizeiverwaltung vom 11. März 1850 erlassenen Baupolizei=Ordnungen ausdrücklich anerkannt. Der Gemeindevorstand wurde wohl gehört, eine maßgebende Einwirkung besaß er aber nicht. — Gleiche oder ähnliche Vorschriften galten in den übrigen Landestheilen, wo allerdings zum Theil in den Städten eine eigene Polizeiverwaltung nicht existirt, sondern die Befugnisse derselben von der Gemeindebehörde ausgeübt werden.

Auf derselben gesetzlichen Grundlage ruhte das Recht der Polizeibehörde zur Aufstellung von Bebauungsplänen, da ein Bebauungsplan nichts Anderes enthält, als die im Voraus und nach einem einheitlichen Plane vorgenommene Festsetzung von Fluchtlinien für eine größere Fläche. Der enge Zusammenhang mit den kommunalen Interessen und die einschneidende Bedeutung der Bebauungspläne hatten indeß dahin geführt, hier einestheils den Gemeindebehörden, anderentheils den Regierungen eine weiterreichende Mitwirkung einzuräumen. Der Erlaß des Ministers für Handel ꝛc. vom 12. Mai 1855 (M. Bl. S. 100) überwies im Allgemeinen die Initiative der Gemeindebehörde, behielt aber den Regierungen die Befugniß vor, in solchen Fällen, wo die Ge=

4 Einleitung.

meindebehörde aus unzureichenden Gründen mit der Entwerfung eines sich als nothwendig erweisenden Bebauungsplanes zögern sollte, anderweit für eine Ausführung durch die Ortspolizeibehörde zu sorgen. Einer besonderen Behandlung wurden die s. g. Retablissementspläne, Pläne für die Wiederbebauung ganzer durch Feuer zerstörter Ortstheile unterworfen; für sie war ein jedesmaliges direktes Eingreifen der Regierung angeordnet.

Der Gesetzentwurf sah nun von einer Betheiligung der Regierungen völlig ab und gewährte der Gemeindebehörde einen größeren Einfluß; er hielt aber die Unterscheidung zwischen den angedeuteten drei Fällen fest. Die Aufstellung von Retablissementsplänen wurde unbedingt vorgeschrieben, die Anregung zur Aufstellung von sonstigen Bebauungsplänen sowohl dem Gemeindevorstande wie der Polizeibehörde freigegeben und die Entwerfung beider Pläne dem Gemeindevorstande im Einverständnisse mit der Gemeinde und der Ortspolizeibehörde übertragen, dagegen die Festsetzung von Fluchtlinien für einzelne Fälle der Ortspolizeibehörde im Einverständnisse mit dem Gemeindevorstande zugewiesen. Bei Meinungsverschiedenheiten zwischen Ortspolizeibehörde und Gemeindevorstand sollte überall der Kreisausschuß, in Stadtkreisen der Bezirksausschuß entscheiden. Im Anschluß hieran war auch das weitere Verfahren geordnet. Behufs Erhebung etwaiger Einwendungen sollten Retablissements- und Bebauungspläne öffentlich ausgelegt, andere Pläne den angrenzenden und den gegenüberliegenden Eigenthümern schriftlich mitgetheilt werden. Ueber die Einwendungen entschied wieder der Kreis- bez. Bezirksausschuß.

Die Kommission des Abgeordnetenhauses verwarf diese verschiedenartige Behandlung und gab zugleich der Ortspolizeibehörde eine andere Stellung. In letzterer Beziehung machten sich unter den Mitgliedern die abweichendsten Meinungen geltend. Während ein Theil die Einwirkung der Polizeibehörde ganz beseitigen zu können glaubte oder der Polizeibehörde wenigstens nur das Recht zur Erhebung von Einwendungen gegen den Fluchtlinienplan gleich den sonst betheiligten Behörden und Eigenthümern zugestehen wollte, vertrat ein anderer Theil den Standpunkt der Staatsregierung, daß der Polizeibehörde im öffentlichen Interesse eine ausschlaggebende Stimme nicht versagt werden dürfe und namentlich die Befugniß, eine Fluchtlinienfestsetzung fordern zu können, gewahrt bleiben müsse. Schließlich entschied sich die Mehrheit dafür, die Initiative ausnahmslos in die Hand der Gemeindebehörde zu legen, die letztere aber durchweg einerseits an das Einverständniß der Gemeinde, andererseits an die Zustimmung der Polizeibehörde zu binden. — Hieraus ergab sich die Nothwendigkeit, den ganzen Abschnitt systematisch neu zu ordnen; es geschah dies in den §§. 1–10 des Gesetzes. An die Spitze wurde der ebenbezeichnete Grundsatz gestellt und im Uebrigen das Verfahren für sämmtliche vorkommende Fälle — also für die Veränderung bestehender Straßen, für die Anlegung neuer Straßen und für die Aufstellung von Bebauungsplänen — gleichmäßig gestaltet, indem man durchgängig, außer bei Festsetzungen für einzelne Grundstücke, die öffentliche Auslegung des Planes forderte. Bei umfassenden Zerstörungen durch Brand oder andere Ereignisse ward die Gemeinde für verpflichtet erklärt, schleunigst darüber zu beschließen, ob und inwiefern ein neuer Bebauungsplan zu entwerfen sei.

Die Kommission schaltete in das Gesetz außerdem zwei neue Paragraphen (§§. 11 u. 12) ein. Ersteren erachtete man hauptsächlich aus dem Grunde für nöthig, um gegenüber einer abweichenden Auffassung der Staatsregierung klarzustellen, daß es nach der Festsetzung von Fluchtlinien zur Entziehung und Beschränkung des in die Straße fallenden Grundeigenthums nicht mehr einer Königlichen Verordnung in Gemäßheit des Enteignungsgesetzes vom 11. Juni 1874 (§. 2) bedürfe. Durch den §. 12 sollte den Gemeinden eine Handhabe geboten werden, um sich gegen das Bauen an unfertigen Straßen und gegen den hieraus hervorgehenden Zwang zur Herstellung von an sich nicht nothwendigen Straßen zu schützen.

Das Abgeordnetenhaus trat zunächst den Anheimgaben der Kommission überall bei. Einen lebhaften Kampf riefen zwar die §§. 1 u. 5, welche das Verhältniß zwischen Ortspolizeibehörde und Gemeindevorstand regeln, hervor; aber auch hier wurden die gestellten Aenderungsanträge bei der zweiten Berathung abgelehnt. Erst bei der dritten Berathung gelangten zwei Anträge des Abgeordneten Tiedemann zur Annahme, welche, den Standpunkt der Staatsregierung wahrend, der Ortspolizeibehörde das Recht wiedergaben, eine Festsetzung von Fluchtlinien zu verlangen und einer Weigerung des Gemeindevorstandes gegenüber die höhere Instanz anzurufen.

II. Hinsichtlich der Entschädigungsfrage erschien eine gesetzliche Regelung im Interesse der Gemeinden besonders erwünscht. Früher waren Verwaltung und Rechtsprechung darin einig gewesen, daß zwar der Besitzer eines bebauten Grundstückes Entschädigung fordern könne, sobald ihm wegen einer neuen Fluchtlinie der Wiederaufbau von Gebäuden oder der Ausbau innerhalb der alten Fluchtlinie untersagt werde, daß dagegen dem Besitzer eines unbebauten Grundstückes ein Entschädigungsanspruch erst dann zustehe, wenn die von der Bebauung ausgeschlossene Fläche thatsächlich zur Straße gezogen werde. Abweichend hiervon hatte aber das Ober-Tribunal später den Grundeigenthümern eine Entschädigung auch in den Fällen zuerkannt, wo ein unbebautes Grundstück von der Fluchtlinie getroffen und deshalb dem Besitzer die Bebauung verwehrt wurde.

Die Staatsregierung sah hier einen Entschädigungsanspruch fortwährend als unbegründet an. Demgemäß waren in den Entwurf jene früheren Grundsätze aufgenommen. Die Motive wiesen darauf hin, wie schon nach allgemeinen Rechtsregeln der Eigenthümer sich die Beschränkung der Baufreiheit in Folge einer Fluchtlinien-Festsetzung ebenso wie die Einschränkungen aus Rücksichten der Feuer- oder Gesundheitspolizei gefallen lassen müsse, wie außerdem aber auch die betheiligten Grundbesitzer bei Anordnung neuer Fluchtlinien in der Regel durch die Umwandlung ihrer Grundstücke in Bauplätze einen erheblichen Gewinn machten und wie endlich nur auf diese Weise unerlaubten Spekulationen vorgebeugt sowie das Zustandekommen der im öffentlichen Interesse gebotenen Verbesserungen gesichert werden könne.

Im Wesentlichen fand diese Anschauung bei der Kommission des Abgeordnetenhauses Billigung. Wenn man auch weniger

Werth auf die Folgerungen aus allgemeinen Rechtsgrundsätzen legte, so glaubte man doch, daß bei billiger Abwägung der miteinander streitenden Interessen für die durch neue Fluchtlinien erfolgte Einschränkung ein Entschädigungsanspruch bei bebauten Grundstücken anzuerkennen, dagegen bei unbebauten abzulehnen sei. Eine ausnahmsweise Behandlung ließ man dem Falle zu Theil werden, wenn ein unbebautes Grundstück an einer bereits fertiggestellten Straße liegt und dann von einer neuprojektirten Querstraße getroffen wird, weil hier, wie man meinte, der Eigenthümer die Fläche mit Recht als einen Bauplatz habe betrachten können.

Im Uebrigen wurde den §§. 10 u. 11 des Entwurfes diejenige veränderte Gestalt gegeben, welche sich jetzt in den §§. 13 u. 14 des Gesetzes wiederfindet. Die Kommission erachtete insbesondere für unerläßlich, einmal im Anschluß an das Enteignungsgesetz den Unterschied zwischen Entziehung und Beschränkung des Eigenthums in der Fassung zum Ausdruck zu bringen und sodann den Zeitpunkt genauer zu bestimmen, wann der Eigenthümer Entschädigung verlangen kann. Die Vorschrift des Entwurfes, wonach Entschädigung gewährt werden sollte, wenn der Wiederaufbau von Gebäuden in den früheren Grenzen oder der Ausbau innerhalb der alten Fluchtlinien versagt werde, hielt man für ungenügend, weil der Eigenthümer es danach in der Hand habe, den Zeitpunkt der Entschädigung, etwa durch Einreichung eines Gesuches um Ertheilung des Baukonsenses, willkürlich herbeizuführen. Man ersetzte sie durch die Anordnung, daß Entschädigung, außer bei wirklicher, von der Gemeinde beanspruchter Abtretung des Grundeigenthums, nur dann gefordert werden könne, wenn ein bebautes Grundstück bis zur neuen Fluchtlinie von Gebäuden freigelegt wird und wenn in dem oben erwähnten Ausnahmefalle — bei Projektirung einer neuen Querstraße — die Bebauung des bisher unbebauten Grundstücks in der Fluchtlinie der neuen Straße erfolgt.

Die Vorschläge der Kommission wurden vom Abgeordnetenhause ohne Widerspruch angenommen.

III. Durch den §. 12 der Regierungsvorlage sollte den Gemeinden eine Erleichterung in ihrer Verpflichtung, für die Anlegung und Unterhaltung der Straßen und Plätze zu sorgen, gewährt werden. Ueber die Nothwendigkeit einer derartigen Maßregel waren, wie sich bereits bei anderen Gelegenheiten gezeigt hatte, die gesetzgebenden Faktoren einverstanden; über das zu wählende Auskunftsmittel hatte sich indeß eine Einigung bisher nicht erreichen lassen. Vom Herrenhause war früher eine gesetzliche Bestimmung in Anregung gebracht, wonach bei theilweiser Enteignung eines Grundstückes zum Zwecke einer Straßenanlage der Mehrwerth, den das Restgrundstück durch die Lage an der Straße erhält, auf die für die Enteignung zu leistende Entschädigung in Gegenrechnung kommen sollte. Die Staatsregierung bezeichnete aber in Uebereinstimmung mit der Ansicht, welche die zur Berathung des Enteignungsgesetzes vom Abgeordnetenhause niedergesetzte Kommission hierüber ausgesprochen hatte, einen solchen Weg als unzulässig. Ebenso erklärte sie sich gegen ein in anderen Ländern eingeschlagenes Verfahren, demzufolge die Gemeinden ermächtigt werden, den gesammten bei der Straßenanlage betheiligten Grundbesitz zu erwerben und das für die Anlage entbehrliche Terrain zu den entstehenden höheren Preisen wiederzuveräußern. Sie knüpfte vielmehr an ein für das Weichbild von Berlin bestehendes Regulativ vom 31. Dezember 1838 an, welches den städtischen Behörden die Befugniß beilegte, „bei der Anlage einer neuen Straße oder bei der Verlängerung einer schon bestehenden von dem Unternehmer der neuen Anlage oder von den angrenzenden Eigenthümern die Legung des ersten Straßenpflasters oder den Betrag der hierzu erforderlichen Kosten zu verlangen"; und sie eröffnete in dem §. 12 den Gemeinden die Möglichkeit, entsprechende ortsstatutarische Bestimmungen zu treffen, hierbei aber neben den Kosten der Pflasterung auch die Ausgaben für Freilegung, Entwässerung u. s. w. zu berücksichtigen.

In der Kommission des Abgeordnetenhauses stimmte man dem Gedanken zu. Die Vorschriften wurden nur nach mehreren Richtungen hin schärfer gefaßt. Daneben beschränkte man die Verpflichtung der angrenzenden Eigenthümer auf ein bestimmtes Maß — die Hälfte der Straßenbreite, höchstens 13 m. — und fügte

die Anordnung hinzu, daß die gesammten Kosten von den Eigen=
thümern nach Verhältniß ihrer die Straße berührenden Grenze
zu tragen seien.

Der Paragraph ist in der Fassung der Kommission unver=
ändert in das Gesetz als §. 15 übergegangen; er empfing nur
bei der zweiten Berathung im Abgeordnetenhause einen das Ber=
liner Regulativ vom 31. Dezember 1838 einstweilen aufrecht=
erhaltenden Zusatz.

IV. Wie schon bei den Bemerkungen zum ersten Abschnitte
angedeutet ist, ging der Regierungsentwurf davon aus, daß die
nach Maßgabe des Gesetzes erforderlichen Entscheidungen über
Festsetzung von Fluchtlinien durch die Selbstverwaltungsbehörden,
soweit dieselben bereits geschaffen, zu treffen seien. Als solche
waren der Kreisausschuß, der Bezirksausschuß und der Provinzial=
ausschuß in Aussicht genommen. An die Stelle der beiden letzteren
traten demnächst in Folge der bei Berathung der Provinzial=
ordnung vom Landtage gefaßten Beschlüsse der Bezirksrath und
der Provinzialrath.

Die Frage, ob man statt der Beschlußbehörden die Ver=
waltungsgerichte mit der Entscheidung zu betrauen habe, wurde
zwar angeregt, indeß sowohl in der Kommission wie im Hause
selbst verneinend beantwortet.

Dagegen stellte die Kommission die Städte mit mehr als
10000 Einwohnern ebenso in erster Instanz unter den Bezirks=
rath, wie dies der Entwurf mit den Stadtkreisen gethan hatte.
Das Abgeordnetenhaus trat dem zuerst bei, nahm aber schließlich
bei der dritten Berathung einen Antrag des Abgeordneten Rickert
an, wonach für Stadtkreise die erste Instanz durch den Provinzial=
rath, die zweite durch den Minister für Handel gebildet ward.
Maßgebend waren hierfür die von mehreren städtischen Vertretern
im Herrenhause geäußerten Wünsche, welche im Wesentlichen da=
rauf beruhten, daß von der mit den besten technischen Kräften
ausgerüsteten Ministerial=Instanz eine den Verhältnissen ange=
messene Entscheidung mit größerer Sicherheit zu erwarten sei.

Diese Bestimmungen haben, nachdem inzwischen die Befug=
nisse des Ministers für Handel auf den Minister der öffentlichen

Arbeiten übergegangen waren, eine wesentliche Aenderung mit demjenigen Zeitpunkte erfahren, in welchem das Landesverwaltungsgesetz vom 30. Juli 1883 und das Zuständigkeitsgesetz vom 1. August 1883 für die einzelnen Landestheile in Kraft getreten sind. Der Bezirksrath ist durch den Bezirksausschuß ersetzt; die §§. 17 u. 18 sind aufgehoben (§. 146 des Zuständigkeitsgesetzes); nach den nunmehr bestehenden Vorschriften regelt sich die Zuständigkeit dahin:

für Landgemeinden und für Stadtgemeinden bis zu 10000 Einwohnern beschließt in erster Instanz der Kreisausschuß, in zweiter der Bezirksausschuß;

für Stadtkreise und für Stadtgemeinden mit mehr als 10000 Einwohnern beschließt in erster Instanz der Bezirksausschuß, in zweiter der Provinzialrath;

für den Stadtkreis Berlin beschließt in den Fällen der §§. 5, 8 u. 9 der Minister der öffentlichen Arbeiten, in den Fällen der §§. 12 u. 15 der Minister des Innern.

II.

Gesetz,

betreffend

die Anlegung und Veränderung von Straßen und Plätzen in Städten und ländlichen Ortschaften.
Vom 2. Juli 1875.

(Gesetzsammlung S. 561.)
(Ausgegeben zu Berlin am 20. August 1875.)

Wir Wilhelm, von Gottes Gnaden König von Preußen 2c. verordnen, mit Zustimmung beider Häuser des Landtages, für den ganzen Umfang der Monarchie, was folgt:

§. 1.[1])

Für die Anlegung oder Veränderung von Straßen und Plätzen in Städten und ländlichen Ortschaften sind die Straßen- und Baufluchtlinien vom Gemeindevorstande im Einverständnisse mit der Gemeinde, bezüglich deren Vertretung, dem öffentlichen Bedürfnisse entsprechend unter Zustimmung der Ortspolizeibehörde festzusetzen.

Die Ortspolizeibehörde kann die Festsetzung von Fluchtlinien verlangen, wenn die von ihr wahrzunehmenden polizeilichen Rücksichten die Festsetzung fordern.

---

[1]) Erläuterungen S. 21—34.

Zu einer Straße im Sinne dieses Gesetzes gehört der Straßendamm und der Bürgersteig.

Die Straßenfluchtlinien bilden regelmäßig zugleich die Baufluchtlinien, das heißt die Grenzen, über welche hinaus die Bebauung ausgeschlossen ist. Aus besonderen Gründen kann aber eine von der Straßenfluchtlinie verschiedene, jedoch in der Regel höchstens drei Meter von dieser zurückweichende Baufluchtlinie festgesetzt werden.

§. 2.¹)

Die Festsetzung von Fluchtlinien (§. 1) kann für einzelne Straßen und Straßentheile oder, nach dem voraussichtlichen Bedürfnisse der näheren Zukunft, durch Aufstellung von Bebauungsplänen für größere Grundflächen erfolgen.

Handelt es sich in Folge von umfassenden Zerstörungen durch Brand oder andere Ereignisse um die Wiederbebauung ganzer Ortstheile, so ist die Gemeinde verpflichtet, schleunigst darüber zu beschließen, ob und inwiefern für den betreffenden Ortstheil ein neuer Bebauungsplan aufzustellen ist und eintretenden Falls die unverzügliche Feststellung des neuen Bebauungsplanes zu bewirken.

§. 3.²)

Bei Festsetzung der Fluchtlinien ist auf Förderung des Verkehrs, der Feuersicherheit und der öffentlichen Gesundheit Bedacht zu nehmen, auch darauf zu halten, daß eine Verunstaltung der Straßen und Plätze nicht eintritt.

Es ist deshalb für die Herstellung einer genügenden Breite der Straßen und einer guten Verbindung der neuen Bauanlagen mit den bereits bestehenden Sorge zu tragen.

---

¹) Erläuterungen S. 34—35.
²) Erläuterungen S. 35—36.

§. 4.[1]

Jede Festsetzung von Fluchtlinien (§. 1) muß eine genaue Bezeichnung der davon betroffenen Grundstücke und Grundstückstheile und eine Bestimmung der Höhenlage, sowie der beabsichtigten Entwässerung der betreffenden Straßen und Plätze enthalten.

§. 5.[2]

Die Zustimmung der Ortspolizeibehörde (§. 1) darf nur versagt werden, wenn die von derselben wahrzunehmenden polizeilichen Rücksichten die Versagung fordern.

Will sich der Gemeindevorstand bei der Versagung nicht beruhigen, so beschließt auf sein Ansuchen der Kreisausschuß.

Derselbe beschließt auf Ansuchen der Ortspolizeibehörde über die Bedürfnißfrage, wenn der Gemeindevorstand die von der Ortspolizeibehörde verlangte Festsetzung (§. 1 Alinea 2) ablehnt.

§. 6.[3]

Betrifft der Plan der beabsichtigten Festsetzungen (§. 4) eine Festung, oder fallen in denselben öffentliche Flüsse, Chausseen, Eisenbahnen oder Bahnhöfe, so hat die Ortspolizeibehörde dafür zu sorgen, daß den betheiligen Behörden rechtzeitig zur Wahrung ihrer Interessen Gelegenheit gegeben wird.

§. 7.[4]

Nach erfolgter Zustimmung der Ortspolizeibehörde, bezüglich des Kreisausschusses (§. 5), hat der Gemeinde-

---

[1]) Erläuterungen S. 36—37.
[2]) Erläuterungen S. 37—38.
[3]) Erläuterungen S. 38—41.
[4]) Erläuterungen S. 41—43.

vorstand den Plan zu Jedermanns Einsicht offen zu legen. Wie letzteres geschehen soll, wird in der ortsüblichen Art mit dem Bemerken bekannt gemacht, daß Einwendungen gegen den Plan innerhalb einer bestimmt zu bezeichnenden präklusivischen Frist von mindestens vier Wochen bei dem Gemeindevorstande anzubringen sind.

Handelt es sich um Festsetzungen, welche nur einzelne Grundstücke betreffen, so genügt statt der Offenlegung und Bekanntmachung eine Mittheilung an die betheiligten Grundeigenthümer.

§. 8.[1])

Ueber die erhobenen Einwendungen (§. 7) hat, soweit dieselben nicht durch Verhandlung zwischen dem Gemeindevorstande und den Beschwerdeführern zur Erledigung gekommen, der Kreisausschuß zu beschließen. Sind Einwendungen nicht erhoben oder ist über dieselben endgültig (§. 16) beschlossen, so hat der Gemeindevorstand den Plan förmlich festzustellen, zu Jedermanns Einsicht offen zu legen und, wie dies geschehen soll, ortsüblich bekannt zu machen.

§. 9.[2])

Sind bei Festsetzung von Fluchtlinien mehrere Ortschaften betheiligt, so hat eine Verhandlung darüber zwischen den betreffenden Gemeindevorständen stattzufinden.

Ueber die Punkte, hinsichtlich deren eine Einigung nicht zu erzielen ist, beschließt der Kreisausschuß.

§. 10.[3])

Jede, sowohl vor als nach Erlaß dieses Gesetzes getroffene Festsetzung von Fluchtlinien kann nur nach Maß-

---

[1]) Erläuterungen S. 44—48.
[2]) Erläuterungen S. 48.
[3]) Erläuterungen S. 48—53.

gabe der vorstehenden Bestimmungen aufgehoben oder abgeändert werden.

Zur Festsetzung neuer oder Abänderung schon bestehender Bebauungspläne in den Städten Berlin, Potsdam, Charlottenburg und deren nächster Umgebung bedarf es Königlicher Genehmigung.

§. 11.¹)

Mit dem Tage, an welchem die im §. 8 vorgeschriebene Offenlegung beginnt, tritt die Beschränkung des Grundeigenthümers, daß Neubauten, Um- und Ausbauten über die Fluchtlinie hinaus versagt werden können, endgültig ein. Gleichzeitig erhält die Gemeinde das Recht, die durch die festgesetzten Straßenfluchtlinien für Straßen und Plätze bestimmte Grundfläche dem Eigenthümer zu entziehen.

§. 12.²)

Durch Ortsstatut kann festgestellt werden, daß an Straßen oder Straßentheilen, welche noch nicht gemäß der baupolizeilichen Bestimmungen des Orts für den öffentlichen Verkehr und den Anbau fertig hergestellt sind, Wohngebäude, die nach diesen Straßen einen Ausgang haben, nicht errichtet werden dürfen.

Das Ortsstatut hat die näheren Bestimmungen innerhalb der Grenze vorstehender Vorschrift festzusetzen und bedarf der Bestätigung des Bezirksrathes. Gegen den Beschluß des Bezirksrathes ist innerhalb einer Präklusivfrist von einundzwanzig Tagen die Beschwerde bei dem Provinzialrathe zulässig.

Nach erfolgter Bestätigung ist das Statut in ortsüblicher Art bekannt zu machen.

---

¹) Erläuterungen S. 53—65.
²) Erläuterungen S. 66—77.

§. 13.[1])

Eine Entschädigung kann wegen der nach den Bestimmungen des §. 12 eintretenden Beschränkung der Baufreiheit überhaupt nicht, und wegen Entziehung oder Beschränkung des von der Festsetzung neuer Fluchtlinien betroffenen Grundeigenthums nur in folgenden Fällen gefordert werden:

1. wenn die zu Straßen und Plätzen bestimmten Grundflächen auf Verlangen der Gemeinde für den öffentlichen Verkehr abgetreten werden;
2. wenn die Straßen= oder Baufluchtlinie vorhandene Gebäude trifft und das Grundstück bis zur neuen Fluchtlinie von Gebäuden freigelegt wird;
3. wenn die Straßenfluchtlinie einer neu anzulegenden Straße ein unbebautes, aber zur Bebauung geeignetes Grundstück trifft, welches zur Zeit der Feststellung dieser Fluchtlinie an einer bereits bestehenden und für den öffentlichen Verkehr und den Anbau fertig gestellten anderen Straße belegen ist, und die Bebauung in der Fluchtlinie der neuen Straße erfolgt.

Die Entschädigung wird in allen Fällen wegen der zu Straßen und Plätzen bestimmten Grundfläche für Entziehung des Grundeigenthums gewährt. Außerdem wird in denjenigen Fällen der Nr. 2, in welchen es sich um eine Beschränkung des Grundeigenthums in Folge der Festsetzung einer von der Straßenfluchtlinie verschiedenen Baufluchtlinie handelt, für die Beschränkung des bebaut gewesenen Theiles des Grundeigenthums (§. 12 des Gesetzes über Enteignung von Grundeigenthum vom 11. Juni 1874) Entschädigung gewährt.

In allen obengedachten Fällen kann der Eigenthümer die Uebernahme des ganzen Grundstücks verlangen, wenn

---

[1]) Erläuterungen S. 77—93.

dasselbe durch die Fluchtlinie entweder ganz oder soweit in Anspruch genommen wird, daß das Restgrundstück nach den baupolizeilichen Vorschriften des Ortes nicht mehr zur Bebauung geeignet ist.

Bei den Vorschriften dieses Paragraphen ist unter der Bezeichnung Grundstück jeder im Zusammenhange stehende Grundbesitz des nämlichen Eigenthümers begriffen.

§. 14.[1])

Für die Feststellung der nach §. 13 zu gewährenden Entschädigungen und die Vollziehung der Enteignung kommen die §§. 24 ff. des Gesetzes über Enteignung von Grundeigenthum vom 11. Juni 1874 zur Anwendung.

Streitigkeiten über Fälligkeit des Anspruchs auf Entschädigung gehören zur gerichtlichen Entscheidung.

Die Entschädigungen sind, soweit nicht ein aus besonderen Rechtstiteln Verpflichteter dafür aufzukommen hat, von der Gemeinde aufzubringen, innerhalb deren Bezirk das betreffende Grundstück belegen ist.

§. 15.[2])

Durch Ortsstatut kann festgesetzt werden, daß bei der Anlegung einer neuen oder bei der Verlängerung einer schon bestehenden Straße, wenn solche zur Bebauung bestimmt ist, sowie bei dem Anbau an schon vorhandenen bisher unbebauten Straßen und Straßentheilen von dem Unternehmer der neuen Anlage oder von den angrenzenden Eigenthümern — von letzteren, sobald sie Gebäude an der neuen Straße errichten — die Freilegung, erste Einrichtung, Entwässerung und Beleuchtungsvorrichtung der Straße in der dem Bedürfnisse entsprechenden Weise beschafft, sowie deren zeitweise, höchstens jedoch fünfjährige

---

[1]) Erläuterungen S. 77—93.
[2]) Erläuterungen S. 93—132.

Unterhaltung, beziehungsweise ein verhältnißmäßiger Beitrag oder der Ersatz der zu allen diesen Maßnahmen erforderlichen Kosten geleistet werde. Zu diesen Verpflichtungen können die angrenzenden Eigenthümer nicht für mehr als die Hälfte der Straßenbreite, und wenn die Straße breiter als 26 Meter ist, nicht für mehr als 13 Meter der Straßenbreite herangezogen werden.

Bei Berechnung der Kosten sind die Kosten der gesammten Straßenanlage und beziehungsweise deren Unterhaltung zusammen zu rechnen und den Eigenthümern nach Verhältniß der Länge ihrer, die Straße berührenden Grenze zur Last zu legen.

Das Ortsstatut hat die näheren Bestimmungen innerhalb der Grenze vorstehender Vorschrift festzusetzen. Bezüglich seiner Bestätigung, Anfechtbarkeit und Bekanntmachung gelten die im §. 12 gegebenen Vorschriften.

Für die Haupt- und Residenzstadt Berlin bewendet es bis zu dem Zustandekommen eines solchen Statuts bei den Bestimmungen des Regulativs vom 31. Dezember 1838.

§. 16.[1])

Gegen die Beschlüsse des Kreisausschusses steht dem Betheiligten in den Fällen der §§. 5, 8, 9 die Beschwerde bei dem Bezirksrathe innerhalb einer Präklusivfrist von einundzwanzig Tagen zu.

In den Fällen, in denen es sich um Wiederbebauung ganzer durch Brand oder andere Ereignisse zerstörter Ortstheile handelt, tritt an die Stelle dieser Präklusivfrist eine solche von einer Woche.

§. 17.[2])

Die durch die §§. 5, 8 und 9 dem Kreisausschusse und in höherer Instanz dem Bezirksrathe beigelegten

---

[1]) Erläuterungen S. 132—133.
[2]) Erläuterungen S. 133—134.

Straßen= u. Baufluchtengesetz. Vom 2. Juli 1875.

Befugnisse und Obliegenheiten werden in den einem Landkreise angehörigen Städten mit mehr als 10,000 Einwohnern, oder wenn unter mehreren betheiligten Gemeinden (§. 9) sich eine solche Stadt befindet, von dem Bezirksrathe und in höherer Instanz von dem Provinzialrathe, in den Stadtkreisen, oder wenn unter mehreren betheiligten Gemeinden (§. 9) sich ein Stadtkreis befindet, von dem Provinzialrathe und auf Ansuchen der Gemeinde in höherer Instanz von dem Minister für Handel wahrgenommen.

In den Hohenzollern'schen Landen tritt an die Stelle des Kreisausschusses der Amtsausschuß und steht auch diesem die Bestätigung der Ortsstatuten (§§. 12 und 15) zu. Die Beschwerdeinstanz bildet der Landesausschuß.

§. 18.[1])

Bis dahin, daß in den verschiedenen Provinzen der Monarchie die Kreisausschüsse und die Bezirks= und Provinzialräthe gebildet sind, hat die Bezirksregierung (Landdrostei) die denselben durch dieses Gesetz überwiesenen Geschäfte wahrzunehmen.

Die Beschlußfassung in der höheren Instanz steht in den Fällen der §§. 5, 8 und 9 dem Minister für Handel, im Falle der §§. 12 und 15 dem Oberpräsidenten zu.

Für die Stadt Berlin liegt bis zur Bildung einer besonderen Provinz Berlin die Wahrnehmung der in den §§. 5, 8 und 9 dem Kreisausschusse beigelegten Funktionen dem Minister für Handel 2c., die Bestätigung der Statuten nach den §§. 12 und 15 dem Minister des Innern ob.

§. 19.

Alle den Bestimmungen dieses Gesetzes entgegenstehenden allgemeinen und besonderen gesetzlichen Vorschriften werden hierdurch aufgehoben.

---
[1]) Erläuterungen S. 133—134.

Alle Bestimmungen der im Verwaltungswege erlassenen Bauordnungen, sonstigen polizeilichen Anordnungen und Ortsstatuten, welche mit den Vorschriften dieses Gesetzes in Widerspruch stehen, treten außer Kraft.

§. 20.[1])

Der Minister für Handel wird mit der Ausführung dieses Gesetzes beauftragt.

---

[1]) Erläuterungen S. 134.

III.
Erläuterungen.

Zu §. 1.

1. Der erste Satz grenzt zunächst, in Uebereinstimmung mit der Ueberschrift des ganzen Gesetzes, das sachliche Gebiet ab, welches durch das für den Umfang der Monarchie erlassene Gesetz geregelt werden soll. — Die bei der Berathung des Entwurfs vom Jahre 1866 im Herrenhause eingehend erörterte Frage, ob das Gesetz auf die Städte zu beschränken sei, ist bei den Verhandlungen des Jahres 1875 nicht wieder aufgenommen. Im Großen und Ganzen wird freilich die Anwendung auf ländliche Ortschaften nur eine Ausnahme bilden.

2. Die Regierungsvorlage enthielt in der Ueberschrift wie im §. 1 statt des Wortes: „Veränderung" den Ausdruck „Bebauung". Der Komm. d. A. H. erschien dies nicht zutreffend; durch die gewählte Fassung sollte sofort erkennbar gemacht werden, daß es sich lediglich um Anlegung neuer und Veränderung alter Straßen, nicht aber um Vorschriften einer Bauordnung handele.

3. Was das Gesetz unter: „Straßen" versteht, wird nicht näher angegeben. Daß dazu nicht alle Wege innerhalb der Feldmark gehören, ist ohne Weiteres klar; darauf deuten auch bestimmt die Worte: „in Städten und ländlichen Ortschaften" hin. Hieraus allein ist indeß etwas Sicheres nicht unter allen Umständen zu entnehmen, denn nach der Entwickelung der Gegenwart läßt sich eine Linie, wo die Stadt aufhört und die Feldmark be=

ginnt, nur selten noch ziehen; abgesehen davon würde aber auch das Gesetz nicht entgegenstehen, Straßen über den bisher etwa noch streng abgeschlossenen Kreis der Stadt hinaus anzulegen und eben damit die Stadt zu erweitern oder einen neuen Stadttheil zu schaffen, der nicht einmal räumlich mit der alten Stadt zusammenzuhängen braucht. Man wird deshalb noch einen anderen Gesichtspunkt hereinziehen müssen. Straßen sind nach dem gewöhnlichen Sprachgebrauche die für den Verkehr innerhalb der Ortschaften und in erster Linie zugleich für den Anbau bestimmten Wege. Die letztere Zweckbestimmung hat im Absatze 4 einen prägnanten Ausdruck gefunden. Wenn danach die Straßenfluchtlinien regelmäßig zugleich die Baufluchtlinien bilden und hiervon abweichend nur eine hinter der Straßenfluchtlinie zurückbleibende Baufluchtlinie festgesetzt werden kann, so schafft nach dem Gesetze jede Fluchtlinienfestsetzung nothwendig auch eine Baufluchtlinie; das erscheint freilich insofern selbstverständlich, als Straßenterrain seiner Natur nach niemals bebaut werden darf und folglich mindestens über die Straßenfluchtlinie hinaus eine Bebauung unstatthaft sein muß. Gerade der Umstand aber, daß der Gesetzgeber die Bedeutung der Straßenfluchtlinie nach dieser Richtung noch besonders feststellt, zeigt, wie er die Möglichkeit des Anbaues als etwas mit dem Begriffe der Straße von selbst Gegebenes wenigstens der Regel nach voraussetzt. Dadurch wird zunächst nicht ausgeschlossen, daß die Straße nur auf einer Seite bebauungsfähig ist; solche Straßen finden sich vielfach (O. V. G. E. Bd. XIV S. 401 u. v. 26. Oktober 1887 I. 1184). Weiter kann aber auch ein dem inneren Verkehre dienender Weg als Straße anzusehen sein, obgleich eine Bebauung der angrenzenden Grundstücke nach den gegebenen thatsächlichen Verhältnissen nicht stattfinden kann oder aus anderen Gründen nicht stattfinden soll. Dergleichen, lediglich für den Verkehr bestimmte Straßen kommen in den Städten öfters vor, z. B. Strecken, welche die innere Stadt durch einen dieselbe umgebenden Gürtel von Promenaden und Anlagen mit den Vorstädten verbinden. Sollen aber für die Unterscheidung solcher Strecken von sonstigen Verkehrswegen innerhalb der Feldmark charakteristische Merkmale aufgestellt werden, so muß —

Zu §. 1.

neben der Art der Einrichtung, welche häufig sofort ersehen lassen wird, daß eine für den inneren Verkehr in Aussicht genommene Straße in Frage steht — vor Allem der Zusammenhang mit den bebauten Straßen als das Entscheidende betrachtet werden. Straßen sind demnach nur solche Wegestrecken, welche entweder für den Anbau bestimmt sind oder wenigstens als Glieder in dem Netze der bebauten Straßen — sei dies nun das gegenwärtige oder ein für die Zukunft festgestelltes — dem inneren Verkehre dienen sollen. Liegen diese Merkmale vor, so entscheidet ebensowenig die Art des Ausbaues — ob die Straße durch Pflaster, Kiesbedeckung oder gar nicht befestigt ist — wie die Art ihres Gebrauchs — ob sie für Fuhrwerke und Reiter oder nur für Fußgänger offen steht. O. V. G. E. v. 15. October 1887 I. 1134. P. V. Bl. Jhrg. IX S. 474.

An dem Erfordernisse eines Zusammenhanges mit dem Straßennetze ist auch für die „Plätze" festzuhalten.

4. Das Gesetz bedient sich durchweg des Ausdruckes „Straßen" und „Plätze", ohne die Bezeichnung „öffentlich" hinzuzufügen. Gleichwohl kann es nach dem Inhalte des Gesetzes keinem Zweifel unterliegen, daß nur öffentliche Straßen und Plätze davon betroffen werden (vgl. auch O. V. G. E. v. 16. Mai 1882 II. 461). Den Gegensatz hierzu bilden die s. g. Privatstraßen. Unter diesem Namen werden indeß häufig Wege von ganz verschiedenem rechtlichen Charakter zusammengefaßt, nämlich einestheils Straßen, welche zwar für den öffentlichen Verkehr und den Anbau bestimmt sind, aber von den Unternehmern der Anlage oder von den Eigenthümern der angrenzenden Grundstücke unterhalten werden und sich noch im Privateigenthume befinden; anderentheils Straßen, welche vom Publikum ausschließlich als Zugang zu den angrenzenden Grundstücken benutzt werden dürfen, im Uebrigen aber dem öffentlichen Verkehre entzogen sind und der Verfügungsgewalt der Eigenthümer unterliegen. Vgl. Doehl, Repertorium des Baurechts ꝛc. S. 339. Auf die erste Klasse wird der Ausdruck: „Privatstraße" zu Unrecht angewendet, weil der Charakter einer öffentlichen Straße ebensowenig wie der eines anderen öffentlichen Weges davon berührt wird, ob der Grund und Boden einem

Privatmanne gehört und ob die Unterhaltung einem Dritten zur Last fällt. Die zweite Klasse erscheint als eine Zwitterbildung von mehr als zweifelhaftem Werthe, welche im regelmäßigen Verlaufe der Dinge — unter ausdrücklicher oder stillschweigender Zustimmung der Polizeibehörde — in eine Privatstraße der ersteren Gattung überzugehen pflegt. Beide Arten schaffen aber leicht unklare Verhältnisse und deshalb Schwierigkeiten für das etwa nothwendig werdende Eingreifen der Polizeigewalt. Seit Erlaß des Gesetzes können öffentliche Straßen ohne Einwilligung der Gemeinde nicht mehr angelegt werden und auch in denjenigen Fällen, wo die Herstellung gemäß §. 15 durch Unternehmer oder die Anlieger erfolgt, darf denselben die Unterhaltung höchstens für einen Zeitraum von fünf Jahren auferlegt werden; wenn nun diese Verpflichtung, wie das die Regel bildet, im Ortsstatute dahin geregelt ist, daß die Gemeinde selbst die Unterhaltung übernimmt und nur die Kosten von den Verpflichteten wieder einzieht, so wird ein nach allen Seiten hin normaler Rechtszustand herbeigeführt. Die Entstehung einer wirklichen Privatstraße aber läßt sich da, wo nach den Verhältnissen die demnächstige Umwandlung in eine öffentliche Straße zu erwarten ist, auf Grund des §. 12 verhindern (vgl. Bem. 5a zu §. 12).

5. Eine Fluchtlinienfestsetzung ist nicht blos für die Anlegung, sondern auch für die Veränderung von Straßen vorgesehen. Es können also auch in schon bestehenden und bebauten Straßen neue Fluchtlinien, namentlich zum Zwecke einer Erweiterung der Straße, gezogen werden. Der Kommissionsbericht des A. H. hebt das bei Erörterung der Bestimmung im §. 13 Nr. 2 besonders hervor (S. 1707).

Die Festsetzung von Fluchtlinien ist aber keine nothwendige Bedingung für eine nach Erlaß des Gesetzes vorzunehmende Neuanlegung oder Verlängerung von Straßen; vielmehr kann eine Straße schon durch fortgesetzte Bebauung eines Weges und die straßenmäßige Herstellung desselben thatsächlich ohne Weiteres neu entstehen oder über den bisherigen Bestand ausgedehnt werden. O. V. G. E. Bd. XIV S. 403. Und selbst, wenn einer solchen neuen Anlage nach den obwaltenden Umständen der Charakter einer öffentlichen Straße nicht sollte beigelegt werden können, der Weg daher als eine s. g. Privatstraße betrachtet werden müßte, würde die Polizeibehörde bei vorhandenem Bedürfnisse die Umwandlung in eine öffentliche Straße fordern können, ohne daß sie erst den Weg des §. 5 Abs. 3 zu beschreiten brauchte. O. V. G. E. v. 9. März 1887 I. 280; P. V. Bl. Jhrg. VIII S. 316 (vgl. Bem. 4 u. 5 zu §. 10). Freilich wird es sich hierbei immer nur um Ausnahmsfälle handeln; die ganz überwiegende Regel dürfte — zumal in den größeren Ortschaften — eine vorgängige Fluchtlinienfestsetzung bilden; dagegen sind vor Erlaß des Gesetzes selbst in Städten, und zwar nicht blos in älterer Zeit, mehrfach Straßen ohne eine ausdrückliche, die ganze Straße umfassende Fluchtlinienfestsetzung angelegt worden.

In dem Gesetze ist überall nur von „Festsetzung" der Fluchtlinien die Rede. Darunter fällt die Aufhebung bestehender Fluchtlinien ohne Anordnung neuer Fluchtlinien an sich nicht; nach §. 10 kann aber eine jede sowohl vor als nach Erlaß des Gesetzes getroffene Festsetzung nur nach Maßgabe der Bestimmungen des Gesetzes aufgehoben werden; damit ist die bloße Kassirung von Fluchtlinien der Festsetzung ganz gleichgestellt.

Fluchtlinien-Festsetzungen, welche nicht zum Zwecke der Anlegung oder Veränderung von Straßen und Plätzen vorgenommen werden, z. B. für Bauten an öffentlichen Flüssen ꝛc., fallen nicht unter das Gesetz (vgl. O. V. G. E. Bd. VIII S. 331 ff., v. 13. Januar 1887 III. 39 u. v. 17. Juni 1887 II. 584, P. V. Bl. Jhrg. VIII S. 223 u. 396).

6. Der Absatz 1 enthält die das ganze Gesetz beherrschende Grundregel, daß die Fluchtlinien in allen Fällen — sowohl bei Veränderung bestehender Straßen, wie bei Anlegung einzelner neuer Straßen und bei Aufstellung von Bebauungsplänen — vom Gemeindevorstande festzusetzen sind. Der Gemeindevorstand ist aber einerseits an das Einverständniß der Gemeinde bez. deren Vertretung, andererseits an die Zustimmung der Ortspolizeibehörde gebunden. Beide Voraussetzungen für das Zustandekommen einer Fluchtlinie müssen bis zum Abschlusse des Verfahrens, also bis

zu der förmlichen Feststellung und Auslegung des Planes, deren §. 8 am Schlusse gedenkt, vorhanden sein, und die Behörden, insbesondere die Verwaltungsgerichte können sich, wenn die Entscheidung davon abhängt, ob eine Fluchtlinie rechtsgültig festgesetzt sei, bei obwaltenden Zweifeln der Prüfung nicht entziehen, inwiefern es etwa an jenen Voraussetzungen mangelt. Denn durch die Festsetzung von Fluchtlinien wird eine Rechtsnorm geschaffen, deren Anwendung voraussetzt, daß sie auf ordnungsmäßige Weise zu Stande gekommen ist. Deshalb hat das O.V.G. in einem Falle, wo die Stadtverordneten ihr anfängliches Einverständniß später zurückgezogen hatten, trotzdem aber der Plan vom Magistrate schließlich festgestellt und ausgelegt war, die Fluchtlinie als zu Recht bestehend nicht anerkannt. E. v. 16. September 1880 II. 1293. Eine rechtzeitige Zurücknahme der Zustimmung von Seiten der Polizeibehörde wird die gleiche Wirkung haben müssen. — Diese Sätze würden nur anzufechten sein, wenn anzunehmen wäre, daß die Gemeinde bez. die Polizeibehörde das einmal erklärte Einverständniß zu widerrufen nicht befugt sei. Dafür dürfte es indeß, so lange das Verfahren schwebt, an einem Rechtsgrunde fehlen; weder die Erklärung der Gemeinde noch die Aeußerung der Polizeibehörde stellt ein Rechtsverhältniß mit dem Gemeindevorstande her, von dem nicht jeder Theil zurücktreten könnte, und anderweit Grundsätze, welche einer Zurücknahme solcher Erklärungen die rechtliche Wirksamkeit entzögen, bestehen nicht. — Die Möglichkeit eines solchen Vorgehens für die Polizeiverwaltung ist auch deshalb von Bedeutung, weil hiermit die Aufsichtsbehörde — was namentlich bei Bebauungsplänen wichtig sein kann — in die Lage gebracht wird, ihrerseits nachträglich einzuschreiten. Denn die Befugniß der Aufsichtsbehörde, die Polizeiverwaltung mit Anweisung zu versehen, ihr also die Versagung ebenso wie umgekehrt die Ertheilung der Zustimmung aufzugeben, läßt sich nicht bezweifeln.

Wo es an einer von dem Gemeindevorstande verschiedenen Ortspolizeibehörde fehlt, weil die Funktionen beider von demselben Organe (Bürgermeister, Magistrat, Amts- und Gemeindevorsteher) wahrgenommen werden, bedarf es selbstredend keiner

Zu §. 1.

besonderen Zustimmung der Ortspolizeibehörde. In denjenigen Städten, wo Königliche Polizeibehörden bestehen, der Magistrat aber die Straßenpolizei verwaltet, bildet nach dem ausdrücklichen Anerkenntnisse der Staatsregierung (Sten. Ver. des A. H. S. 2121) der Magistrat die Polizeibehörde im Sinne des Gesetzes. Diese hauptsächlich im Hinblick auf die Hannoverschen Städte abgegebene Erklärung ist indeß nicht unvereinbar mit einer Regelung, wie sie durch die Ressortminister für Berlin getroffen ist; obgleich dieser Stadtgemeinde durch Allerhöchste Ordre v. 28. Dezember 1875 „die gesammte, auf die Anlegung, Regulirung, Entwässerung und Unterhaltung der Straßen und Brücken bezügliche örtliche Polizei" zur eigenen Verwaltung überlassen ist, haben die Minister auch dem Königlichen Polizei-Präsidium (neben der örtlichen Straßenbau-Polizeiverwaltung) eine Einwirkung als Ortspolizeibehörde zuerkannt, weil dasselbe die Verkehrs-, Feuer- und Gesundheitspolizei zu verwalten und deren Interessen gegenüber der Straßenbaupolizei wahrzunehmen habe. Diese Auffassung, welche zwei Ortspolizeibehörden gleichberechtigt neben einander stellt und unter ähnlichen Verhältnissen auch auf andere Städte zu übertragen sein würde, entspricht nur dem Wesen der Sache. Wo die örtliche Polizeiverwaltung getheilt ist, gebührt jedem bei der Fluchtlinienfestsetzung betheiligten Zweige eine Mitwirkung, und wenn sich nicht leugnen läßt, daß Fluchtlinienfestsetzungen auch die Interessen der Feuersicherheit und der öffentlichen Gesundheitspflege unmittelbar berühren, so kann die auf letzterem Gebiete zur Fürsorge berufene Behörde von dem Verfahren nicht füglich ausgeschlossen werden. Das Gesetz steht einer solchen Auslegung nicht entgegen; es beruft die „Ortspolizeibehörde"; bei diesem Ausdrucke mag, dem regelmäßigen Zustande entsprechend, zunächst an eine einheitliche örtliche Polizeiverwaltung gedacht sein; damit ist indeß keineswegs festgestellt, daß die Vertretung aller in Betracht kommenden polizeilichen Interessen stets nur Einer Behörde überwiesen sein solle. Auch praktisch bietet das gleichzeitige Eingreifen zweier Ortspolizeibehörden keine besonderen Schwierigkeiten; denn für den Ausgleich von Meinungsverschiedenheiten unter den betheiligten Lokalbehörden ist im Gesetze durch Anordnung eines besonderen Verfahrens in den §§. 5 ff. gesorgt. O. V. G. E. v. 25. November 1885 I. 1315.

Welche Behörde auf dem Lande die Ortspolizei zu verwalten hat, ist in den provinziellen Gesetzen (vgl. insbesondere die Kreisordnungen) näher bestimmt.

Liegt eine ländliche Ortschaft in einem selbständigen Gutsbezirke, so tritt der Gutsbesitzer (Gutsvorsteher) an die Stelle des Gemeindevorstandes, während das Erforderniß eines Einverständnisses der Gemeinde wegfällt.

Im Uebrigen wird das Einverständniß der Gemeinde bez. deren Vertretung vom Gesetze unbedingt verlangt. Ist es nicht zu erreichen, so kann es durch eine Entscheidung der Kommunal-Aufsichtsbehörde, welche sonst etwa bei Meinungsverschiedenheiten zwischen Gemeindevorstand und Vertretung der Gemeinde den Ausschlag zu geben hat, nicht ersetzt werden. Es bleibt dann nur der Ausweg übrig, daß die Ortspolizeibehörde von dem ihr nach Absatz 2 zustehenden Rechte Gebrauch macht.

7. Wenn die Polizeibehörde ihre Zustimmung versagt, so giebt §. 5 die Norm für das weitere Verfahren.

Die Polizeibehörde ist aber nicht auf eine negative Einwirkung beschränkt, sie kann nach Absatz 2 auch, positiv eingreifend, die Festsetzung von Fluchtlinien verlangen, wenn die von ihr wahrzunehmenden polizeilichen Rücksichten die Festsetzung fordern. Welche Rücksichten hier in Betracht kommen, erläutert das Gesetz selbst im §. 3 (vgl. Bem. 1 dazu); es sind dieselben, welche auch der Gemeindevorstand zu beachten hat, wenn er die Fluchtlinien „dem öffentlichen Bedürfnisse entsprechend" festsetzen will: die Förderung des Verkehrs, der Feuersicherheit sowie der öffentlichen Gesundheit und die Abwehr von Verunstaltungen der Straßen und Plätze. Wie nun auf der einen Seite diese Ausdrücke bei ihrer Dehnbarkeit eine verschiedenartige Beurtheilung der gegebenen Verhältnisse zulassen, so ist auf der anderen Seite ebensowenig eine scharfe Grenze dafür zu finden, wann die gedachten Rücksichten eine Fluchtlinienfestsetzung „fordern". Ein Bericht der Petitionskommission d. A. H. über eine Beschwerde der städtischen Behörden zu Hannover (Nr. 137 der Drucksachen 1877) giebt davon eine

Zu §. 1.

ungemein enge Auslegung; ihm zu Folge hat die Polizei sich nur durch den Gesichtspunkt der öffentlichen Sicherheit bestimmen zu lassen; bloße Verkehrserleichterungen sollen niemals in das polizeiliche Gebiet fallen und die Polizeibehörden nur dasjenige, was nöthig, nicht aber was nützlich ist, verlangen dürfen. Das A. H. hat zwar dem Vorschlage der Kommission gemäß die Petition der Staatsregierung zur schleunigsten Abhülfe überwiesen; damit ist indeß die in dem Berichte niedergelegte Auffassung wohl um so weniger in ihrem ganzen Umfange gebilligt, als sowohl von der Kommission wie im Hause selbst noch anderweite Momente zur Unterstützung des Antrages geltend gemacht wurden. Später haben über eine Petition des Magistrats zu Königsberg i./Pr. nochmals eingehende Erörterungen in der Komm. d. A. G. (Nr. 123 der Drucksachen 1886) und im Hause selbst (Sitzung v. 31. März 1886; Sten. Ber. S. 1579 ff.) stattgefunden, wobei einerseits die Befugniß der Polizeibehörde, aus allen im §. 3 hervorgehobenen Gesichtspunkten auf die Festsetzung von Fluchtlinien zu dringen, anerkannt, andererseits aber wieder betont wurde, daß ein wesentlicher Unterschied zwischen dem für den Gemeindevorstand maßgebenden „öffentlichen Bedürfnisse" und den von der Polizeibehörde wahrzunehmenden „polizeilichen Rücksichten" bestehe. Hiergegen mag nichts Erhebliches zu erinnern sein; der Gemeindevorstand kann bei Abmessung des öffentlichen Bedürfnisses auch auf Herstellung von Anlagen, welche nur zweckmäßig oder wünschenswerth erscheinen, Bedacht nehmen und überhaupt in weitem Umfange über dasjenige hinausgehen, was von der Polizeibehörde nach Maßgabe des §. 3 gefordert werden muß. Insofern läßt sich der in dem Kommissionsberichte vom Jahre 1877 vertretenen Anschauung zustimmen, daß die Polizeibehörde sich auf das Nothwendige, im Gegensatz zu dem blos Nützlichen, zu beschränken habe. Jedenfalls darf aber die Polizei zunächst nicht ausschließlich auf die Fürsorge für die öffentliche Sicherheit verwiesen werden; das entspricht weder ihrer allgemeinen Aufgabe (§. 10 Titel 17 Theil II Allg. Landr., §. 6 des Gesetzes über die Polizeiverwaltung v. 11. März 1850), noch den ihr gerade auf diesem Gebiete übertragenen Pflichten, wie sie schon im §. 66 Titel 8

Theil I Allg. Landr. abgegrenzt waren und daneben im vorliegenden Gesetze selbst (§. 3) eine ausdrückliche Bestätigung gefunden haben. Weiter ist zu beachten, daß es für die im öffentlichen Interesse nothwendig zu stellenden Anforderungen kein absolut geltendes Maß giebt, das Bedürfniß sich vielmehr je nach den obwaltenden Umständen durchaus verschieden bestimmt. Was vor längerer Zeit allgemein befriedigte, kann gegenwärtig als völlig ungenügend erscheinen, und Einrichtungen, welche für kleinere Orte vollkommen ausreichen, mögen sich für große Städte als zweifellos ungeeignet ausweisen (O. V. G. E. v. 12. September 1888 I. 969; P. V. Bl. Jhrg. X S. 182). Eben deshalb überträgt das Gesetz beim Mangel einer Verständigung zwischen dem Gemeindevorstande und der Polizeibehörde die Entscheidung den geordneten Instanzen (§. 5 Abs. 3; §§. 16—18), welche in jedem einzelnen Falle unter sorgfältiger Berücksichtigung aller in Betracht kommender Verhältnisse die erforderliche Bestimmung zu treffen haben. Ist die örtliche Polizeiverwaltung unter zwei Behörden getheilt (Bem. 6 oben), so muß jede derselben, soweit die von ihr wahrzunehmenden polizeilichen Rücksichten dies erheischen, zu dem Verlangen einer Fluchtlinienfestsetzung berechtigt sein.

8. Durch den von der Komm. d. A. H. eingeschobenen Absatz 3 hat klargestellt werden sollen, daß im Sinne des Gesetzes auch der Bürgersteig zur Straße gehöre. Der daneben erwähnte „Straßendamm" bezeichnet nicht blos den Fahrdamm, sondern umfaßt alle übrigen Bestandtheile der Straße, auch wenn sie nur bestimmten Zwecken dienen, wie Reitwege, Promenaden ꝛc. Darüber, ob die letzteren zur Straße gehören, können allerdings, zumal wenn sie sich zu s. g. Anlagen erweitern, Zweifel entstehen; indeß ergibt sich bei Straßen, welche in Gemäßheit des Gesetzes neu angelegt sind, die räumliche Ausdehnung der Straße regelmäßig schon aus dem Fluchtlinienplane; Alles, was zwischen den beiden Straßenfluchtlinien liegt, muß — sofern nicht das Gegentheil aus dem Plane klar erhellt — zur Straße gerechnet werden. Ist eine Fluchtlinie blos auf einer Seite gezogen, so läßt sich die Grenze auf der anderen Seite nur nach den Verhältnissen des einzelnen Falles bestimmen; dies gilt insbesondere auch dann, wenn

Zu §. 1.

neben der Straße ein öffentlicher Platz liegt. O.V.G. E. v. 30. November 1882 II. 941. P.V.Bl. Jhrg. IV S. 155; v. 23. Oktober 1884 II. 895; v. 7. März 1885 I. 273. P.V.Bl. Jhrg. VI S. 244 und v. 12. November 1885 II. 1121. P.V.Bl. Jhrg. VII S. 118. Was im Uebrigen bei älteren Straßen als Zubehör des Straßendammes und des Bürgersteiges anzusehen ist, richtet sich ebenfalls nach den besonderen Umständen. O.V.G. E. Bd. I S. 260 ff. und v. 15. Oktober 1887 I. 1134. P.V.Bl. Jhrg. IX S. 474.

9. Der Entwurf sprach nur von Baufluchtlinien. Da indeß die größeren Städte in neuerer Zeit mit Vorliebe auf Anlegung von Vorgärten in den dazu geeigneten Straßen Bedacht nehmen und hierfür eine hinter der Straßenfluchtlinie zurücktretende Baufluchtlinie vorgeschrieben werden muß, hielt die Komm. d. A. H. es für angemessen, den Unterschied zwischen beiden klarzustellen, und zu dem Ende insbesondere auch den Absatz 4 hinzuzufügen. Hierbei traf sie zugleich durch eine Bestimmung, wonach die Baufluchtlinie höchstens 3 m. von der Straßenfluchtlinie zurückweichen sollte, Fürsorge, daß die Anlieger, denen für die Verpflichtung, einen Theil ihres Eigenthums als Vorgarten liegen zu lassen, regelmäßig keine Entschädigung gewährt wird, durch eine solche Maßregel nicht zu hart getroffen würden. Im A. H. bestritt man aber, daß vom Gesetzgeber ein bestimmtes Maß für die Breite der Vorgärten festgestellt werden könne, und berief sich namentlich darauf, daß hie und da bereits breitere Vorgärten zu Recht beständen; demgemäß wurden nach dem Antrage des Abgeordneten Haken die Worte: „in der Regel" eingeschaltet. — Damit ist nun allerdings den Gemeindebehörden ein weitgehender Spielraum gelassen; immerhin bleibt aber die Vorschrift in solchen Fällen, wo die Anlieger gegen die Breite der Vorgärten Einwendungen erheben, für die entscheidende Behörde ein Fingerzeig, daß über 3 m. nur hinauszugehen ist, sofern ein besonderes öffentliches Interesse obwaltet. Uebrigens wird die Gemeinde sich unter allen Umständen einen breiteren Raum durch Verhandlung mit den Grundeigenthümern schaffen können. Ebensowenig steht das Gesetz im Wege, wenn etwa der Unternehmer einer Straßenanlage bei

Zu §. 1.

Veräußerung der angrenzenden Grundstücke die Käufer zum Liegen=
lassen breiterer Vorgärten durch vertragsmäßige Bestimmung ver=
pflichten will. — Die „besonderen Gründe" für die Anordnung
einer eigenen Baufluchtlinie können verschieden sein; die Vor=
gärten dienen nicht nur zum Schmuck, sondern gewähren auch den
Vortheil, daß bei einer geringeren Breite der Straße und folglich
bei geringeren Kosten der Herstellung und Unterhaltung dennoch
Licht und Luft der Straße in ausreichender Weise zugeführt wird;
sie bieten zugleich die Möglichkeit, einem etwa später hervor=
tretenden Bedürfnisse zur Verbreiterung der Straße ohne über=
mäßige Aufwendungen gerecht werden zu können.

Es wäre aber erwünscht gewesen, wenn das Gesetz diesen
Punkt näher geregelt hätte. Das s. g. Vorgartenland bleibt Eigen=
thum des Anliegers und würde daher an sich von demselben —
wenn auch nicht zur Bebauung so doch im Uebrigen — nach Be=
lieben benutzt werden können. Daß dies nicht gestattet werden
kann, liegt auf der Hand; wenn die ganze Einrichtung nicht von
vornherein ihren Zweck verfehlen soll, muß dafür gesorgt werden,
daß die zwischen der Straßen= und Baufluct liegende Fläche von
sämmtlichen Anliegern als Gartenland verwendet und in guter
Ordnung erhalten wird. Bei Berathung des Gesetzes herrschte
darüber auch allgemeines Einverständniß, daß die Fläche nur in
dieser Weise benutzt werden dürfe; anscheinend ging man, obgleich
der Berichterstatter im A.H. nach den in Berlin gemachten Er=
fahrungen ausdrücklich hiervor warnte, von der Anschauung aus,
die Anlieger würden selbst die Vortheile zierlicher Vorgärten zu
schätzen wissen. In großen, stark anwachsenden Städten zeigt sich
aber immer von Neuem die naturgemäße Entwickelung, daß
Straßen, welche ursprünglich villenmäßig bebaut waren, sich all=
mälig in Geschäftsstraßen verwandeln und daß nunmehr die
Eigenthümer, um das Erdgeschoß als Laden mit Schaufenstern
zu verwerthen, eine Beseitigung der Vorgärten anstreben. Ist die
Entwickelung bereits bis zu einem gewissen Grade vorgeschritten,
oder mit Sicherheit im Voraus zu berechnen, so kann die Ge=
meindeverwaltung den Verhältnissen dadurch Rechnung tragen,
daß die bisherigen Baufluchtlinien zu Straßenfluchtlinien gemacht

werden. Allein dies stößt wegen der damit verbundenen Kosten öfters auf Schwierigkeiten, und in der vielfach Jahrzehnte dauernden Uebergangszeit sind jedenfalls Zwangsmaßregeln zur Erhaltung der Vorgärten unvermeidlich; dieselben werden außerdem einzelnen widerwilligen Eigenthümern gegenüber stets nothwendig bleiben; die Pflichten der Anlieger müssen deshalb genauer festgestellt werden. In Berlin, wo die Anlegung von Vorgärten für eine Reihe von Straßen seit älterer Zeit durch die Allerhöchst genehmigten Bebauungspläne vorgeschrieben war, ist dies durch eine Polizeiverordnung v. 27. Oktober 1855 geschehen, deren (übrigens nicht besonders glücklich abgefaßte) Bestimmungen das O. V. G. dann auch wiederholt angewendet hat. Gegenüber neueren Fluchtlinien läßt sich die Befugniß der Polizei, hier einzugreifen, jedenfalls insofern nicht bestreiten, als es sich um die Herstellung einer angemessenen Einfriedigung des Vorgartenlandes behufs seiner Abschließung gegen die Straße handelt; denn bei den in dieser Richtung erlassenen Anordnungen bewegt sich die Polizei zweifellos auf einem ihrer Fürsorge anvertrautem Gebiete. Aber auch im Uebrigen wird man ihre Befugniß, nähere Vorschriften über die Einrichtung und Unterhaltung der Vorgärten im Wege der Polizeiverordnung zu treffen, anerkennen müssen, weil hiervon die Durchführung der gesetzlich für statthaft erklärten Maßregel abhängt und die Pflicht der Anlieger an sich als im Gesetz, wenn auch nicht bestimmt ausgesprochen, so doch stillschweigend vorausgesetzt und damit als gesetzlich feststehend betrachtet werden kann. — Außer dem Erlaß einer Polizeiverordnung könnte nur etwa noch der Weg ortsstatutarischer Regelung in Frage kommen; auf ihm würde indeß den Eigenthümern immer nur eine der Gemeinde gegenüber zu erfüllende Verpflichtung, eine Gemeindelast auferlegt werden können, und zu einer derartigen Behandlung eignet sich die Angelegenheit offenbar sehr wenig.

10. Straßen- und Baufluchtlinien brauchen nicht immer zu gleicher Zeit festgesetzt zu werden. Zwar ist eine Straßenfluchtlinie ohne Bestehen einer Baufluchtlinie nicht denkbar; denn wenn keine von der Straßenfluchtlinie abweichende Baufluchtlinie angeordnet ist, gilt erstere nach dem Gesetze rechtlich auch als Bau-

fluchtlinie, einerlei ob thatsächlich die Straße bebaut wird oder nicht. Wohl aber kann eine vorhandene Straßen- oder Baufluchtlinie für sich allein verändert werden. In den Verhandlungen des Landtags ist namentlich des Falles gedacht, wo behufs nachträglicher Einrichtung von Vorgärten die bisher mit der Straßenfluchtlinie zusammenfallende Baufluchtlinie weiter auf die angrenzenden Grundstücke zurück verlegt wird. Vgl. auch O. V. G. E. Bd. II S. 371.

Die Baufluchtlinie bildet die Grenze, über welche hinaus die Bebauung ausgeschlossen ist; Näheres hierüber enthält §. 11. Nach jener Begriffsbestimmung ist aber dem einzelnen Anlieger ein Zurückweichen hinter die Baufluchtlinie mit seinem Baue nicht verwehrt. Darin unterscheidet sich — ohne daß der Grund ersichtlich ist — unser Gesetz von der Badenschen und Württembergschen Gesetzgebung, wonach die Gebäude in der Regel auf der Baulinie errichtet werden müssen und Ausnahmen nur mit Genehmigung der Polizeibehörde bei einem mit der Fluchtlinie parallel auszuführenden Baue (Baden) bez. in Gemäßheit der Anordnungen im Ortsstatute (Württemberg) gestattet sind. Da ein Zurücktreten hinter die Baufluchtlinie nicht überall ins Belieben der Grundbesitzer gestellt werden kann, wenn nicht hie und da das Ansehen der Straße empfindlich leiden soll, wird man gut thun, die Lücke in den Baupolizei-Ordnungen oder durch besondere Polizeiverordnung auszufüllen.

Zu §. 2.

1. Zu dem Ausdrucke: „Straßentheil", welcher im Gesetz noch öfter wiederkehrt (§§. 12 und 15), im §. 2 aber von der Komm. d. A. H. eingefügt ist, bemerkt der Komm.-Bericht an einer anderen Stelle (zum §. 15), daß er als sehr unbestimmt und dehnbar Bedenken erregen könne. Hier dürfte dies weniger zutreffen. Da eine Fluchtlinienfestsetzung nach §. 7 Absatz 2 auch für ein einzelnes Grundstück zulässig ist, wird unter „Straßentheil" jeder beliebige Abschnitt, zweifellos auch die eine Seite der Straße zu verstehen sein.

2. Durch die Hinzufügung der Worte: „nach dem voraus-

Zu §§. 2 u. 3.

sichtlichen Bedürfnisse der näheren Zukunft" wird angedeutet, daß die Aufstellung von Bebauungsplänen für weiter hinausliegende Zeiten zu vermeiden ist, weil derartige Pläne erfahrungsmäßig sich demnächst wegen der eingetretenen Veränderungen vielfach als nicht mehr passend erweisen und folglich während der Zwischenzeit eine ungerechtfertigte Beschränkung der betheiligten Besitzer in der Verwerthung ihres Grundeigenthums herbeiführen.

3. Der Absatz 2 soll vor Allem sicherstellen, daß jedesmal vor Beginn des Wiederaufbaues erwogen wird, ob ein neuer Bebauungsplan zu entwerfen ist; er macht daneben den Gemeindeorganen die thunlichste Beschleunigung des Verfahrens zur Pflicht. Die Regierungsvorlage verlangte für solche Fälle unbedingt die Aufstellung eines Retablissementsplans; die Komm. d. A. H. hielt es aber ihrem Grundgedanken gemäß auch hier für genügend, die Entscheidung, inwiefern ein Bedürfniß zur Anfertigung eines Bebauungsplanes bestehe, den Gemeindeorganen zu überlassen. Im Gegensatz zum §. 1, wo „Gemeinde" als Bezeichnung für Gemeindeversammlung gebraucht wird, hat man hier unter „Gemeinde" die Korporation als solche aufzufassen. Eine Abweichung von der Regel des §. 1 ist nicht beabsichtigt; der Gemeindevorstand hat wie gewöhnlich die Angelegenheit in die Hand zu nehmen, sich seinerseits schlüssig zu machen und die Beschlußfassung der Gemeindeversammlung bez. der Gemeindevertretung zu veranlassen — zunächst freilich über die Vorfrage, ob und in welchem Umfange ein Bebauungsplan entworfen werden soll. In gleicher Weise kann die Ortspolizeibehörde nach §. 1 Absatz 2 die Aufstellung eines Planes verlangen, wenn sie dieselbe, entgegen dem Beschlusse der Gemeindeorgane, für erforderlich erachtet.

Zu §. 3.

1. Die Förderung der Feuersicherheit und der öffentlichen Gesundheit hatte in dem Entwurfe keine Erwähnung gefunden; es war das Hauptgewicht darauf gelegt, daß die Fluchtlinien „dem öffentlichen Bedürfnisse entsprechend" festzusetzen seien; außerdem sollte auf die Beförderung der Sicherheit und Bequemlichkeit des Verkehrs Bedacht genommen sowie eine Verunstaltung der Straßen

Zu §§. 3 u. 4.

verhütet werden. Jenes erste Haupterforderniß ist in dem an die Spitze gestellten Satze des §. 1 festgehalten. Zu seiner Erläuterung dient nunmehr §. 3, und hier erschien es der Komm. d. A. H. rathsam, unter den bei Festsetzung von Fluchtlinien zu beachtenden Rücksichten auch die der Feuersicherheit und öffentlichen Gesundheit aufzuführen. Damit sind diejenigen Gesichtspunkte, welche nicht außer Acht gelassen werden dürfen, vollständig angegeben. Die Gemeindeorgane mögen darüber hinaus sich noch von anderen Erwägungen, etwa dem Bestreben, eine besonders geschmackvolle oder schmuckreiche Anlage zu schaffen, leiten lassen; für das Maß der von der Polizei zu stellenden Anforderungen bleibt dagegen §. 3 allein die Richtschnur (vgl. Bem. 7 zu §. 1).

2. Ueber die Breite, welche regelmäßig den Straßen zu geben ist, und über das zu wählende Längengefälle spricht sich die unter den Anlagen abgedruckte Ausführungs=Verordnung v. 28. Mai 1876 im §. 7 näher aus.

Zu §. 4.

Der §. 4 ist von der Komm. d. A. H. neugebildet. Der Entwurf schrieb nur vor, daß Retablissements= und Bebauungspläne das Nivellement enthalten müßten.

Die genaue Bezeichnung der Grundstücke ec. ist wesentlich; wo sie fehlt, entbehrt die Fluchtlinienfestsetzung der rechtlichen Wirkung. Schon der Komm.=Bericht weist darauf hin, die Spezialisirung der betroffenen Grundstücke sei hier ebenso nothwendig, wie in dem Plane, dessen der §. 18 des Enteignungsgesetzes v. 11. Juli 1874 gedenkt. Die betheiligten Eigenthümer wären auch in der That ohnedies nicht in der Lage, ihre Rechte dem Gesetze (§. 7) entsprechend zur Geltung zu bringen.

Ob der Mangel einer Bestimmung in Betreff der Höhenlage und der Entwässerung die gleiche Folge nach sich zieht, läßt sich bezweifeln. Die Höhenlage ist, abgesehen von den selteneren Fällen, wo eine ungewöhnlich starke, möglicherweise zu Bedenken Anlaß gebende Steigung beabsichtigt und deshalb auch die Angabe der Höhenlage schwerlich je unterbleiben wird, von Bedeutung nur für die Entwässerung und für die Verbindung mit den nächsten Straßen.

Zu §§. 4 u. 5.

Während nun in letzterer Beziehung nicht leicht Bedenken entstehen werden, erscheint allerdings, wie auch der Komm.-Bericht betont, eine Rücksichtnahme auf die Entwässerung durch die Erfahrung geboten, daß später Unzuträglichkeiten hervorzutreten pflegen, wenn nicht von vornherein für eine ausreichende Ableitung des Wassers gesorgt ist. Allein häufig wird nach Lage der Sache die Entwässerung bereits in völlig genügender Weise geregelt sein, z. B. bei einer Fluchtlinienfestsetzung für einzelne Grundstücke oder für eine Seite der Straße, bei Anordnung einer neuen Baufluchtlinie unter Belassung der alten Straßenfluchtlinie. Hier blos deshalb, weil etwa die Eintragung der feststehenden Höhenlage und der vorhandenen Entwässerung in dem Plan versäumt ist, dem ganzen Verfahren die Gültigkeit abzusprechen, dürfte um so bedenklicher sein, als auch die Ausführungsverordnung v. 28. Mai 1876 (§. 13) sich in einfachen Fällen mit einem bloßen Situationsplane begnügt.

Zu §. 5.

1. Wegen Absatz 1 vgl. Bem. 7 zum §. 1.

2. Absatz 3 spricht nur von der Ablehnung durch den „Gemeindevorstand". Eine solche liegt aber im Ergebnisse auch vor, wenn der Gemeindevorstand zwar seinerseits zustimmt, dagegen die Gemeinde bez. deren Vertretung der Festsetzung widerspricht; denn hier muß die Erklärung, welche der Gemeindevorstand schließlich der Polizeibehörde abzugeben hat, ebenfalls verneinend lauten. Daß in diesem Falle die Bestimmung des Absatz 3 keine Anwendung finden solle, kann daneben nicht in der Absicht des Gesetzgebers gelegen haben.

3. Der Kreisausschuß hat nach dem Wortlaute des Gesetzes nur darüber zu befinden, ob die Polizeibehörde ihre Zustimmung mit Recht versagt hat (Abs. 2) und ob ein Bedürfniß zur Festsetzung von Fluchtlinien vorliegt (Abs. 3). — Von dem Abg. Grafen von Wintzingerode wurde bei der zweiten Berathung im A. H. zum Absatz 2 ein Zusatz dahin beantragt: „Dieser (der Kreisausschuß) ist im Falle der Zustimmung berechtigt, dieselbe an besondere Bedingungen zu knüpfen". Das Haus verwarf indeß den

Antrag, nachdem darauf aufmerksam gemacht war, daß die Gemeinden sich solchen, mit unberechenbaren Lasten verbundenen Auflagen nicht aussetzen könnten und daß die Kreisausschüsse sich hierdurch für die künftig von ihnen über die Einwendungen gegen die Pläne (§§. 7 und 8) zu treffenden Entscheidungen in eine schiefe Lage bringen würden. Auch die Staatsregierung erkannte bei der dritten Berathung ausdrücklich an, daß weder hier noch im Falle des Absatz 3 eine materielle Feststellung bezüglich des Planes durch die oberen Instanzen stattfinden dürfe. —

4. Der Kreisausschuß fungirt als Beschlußbehörde; gegen seine Entscheidung kann von der einen wie von der anderen Seite der Bezirksausschuß (früher Bezirksrath) angerufen werden (§. 16).

Zu §. 6.

1. Das Gesetz betrachtet es offenbar als unzweckmäßig, die betheiligten Behörden lediglich auf den Weg der Erhebung von Einwendungen (§. 7) zu verweisen; dabei mag einestheils die Rücksichtnahme auf die Stellung der Behörden, anderentheils die Erwägung mitgewirkt haben, daß häufig eine zweckmäßige Entwerfung des Projektes von vornherein nur unter sorgfältiger Beachtung der durch jene Behörden wahrzunehmenden Interessen thunlich ist. Von diesem Gesichtspunkte aus beantragte der Abg. Stuschke, die Benachrichtigung der Behörden nicht der Ortspolizeibehörde, sondern dem Gemeindevorstande, in dessen Händen die Initiative liege, aufzugeben, das A. H. lehnte dies indeß ab. Wenn der Berichterstatter dagegen anführte, nach der Anschauung der Kommission sollten erst die Gemeinde- und die Polizeibehörde untereinander einig sein, bevor andere Behörden mit der Angelegenheit behelligt würden, so wird das umgekehrte Verfahren oft genug am Platze sein. Ein vorgängiges Benehmen des Gemeindevorstandes mit der Festungsbehörde z. B. dürfte fast immer rathsam sein; ebenso mag es sich meistens empfehlen, daß die Polizeiverwaltung mit den betheiligten Behörden in Verbindung tritt, ehe sie ihre Zustimmung erklärt.

2. Welche Folgen die Nichtbeachtung der Vorschrift nach sich zieht, hängt davon ab, ob man die Benachrichtigung als eine

nothwendige Voraussetzung für die Gültigkeit des ganzen Verfahrens ansieht, oder in der Vorschrift nur eine Anweisung für die Polizeibehörde erblickt, deren Verletzung auf den rechtlichen Bestand des Verfahrens ohne Einfluß bleibt. In einem Falle, wo die Festungsbehörde trotz nicht erfolgter Benachrichtigung rechtzeitig Einwendungen in Gemäßheit des §. 7 erhoben hatte, damit aber zurückgewiesen war und später bei Gelegenheit einer Klage wegen Versagung des Baukonsenses die geschehene Fluchtlinienfestsetzung wegen Verletzung der Vorschrift im §. 6 als rechtsunwirksam bezeichnete, hat das O. V. G. diese Anschauung verworfen und der Festsetzung bindende Kraft beigemessen. E. v. 19. Januar 1880. II. 251. Hierbei ist allerdings Gewicht darauf gelegt, daß die Behörde ihre Interessen, zu deren Sicherung die Benachrichtigung dienen soll, thatsächlich in ordnungsmäßiger Weise vollständig wahrgenommen hatte. Allein mehr oder weniger hat man sich damit doch zugleich für die zweite der oben hingestellten Alternativen ausgesprochen; denn ist die Benachrichtigung nach dem Gesetze ein unbedingtes Erforderniß, so kann ihr Fehlen durch anderweite Vorgänge nicht wohl ersetzt werden. Andererseits läßt sich freilich nicht verkennen, daß den betr. Behörden durch das Unterbleiben der Benachrichtigung die Wahrung ihrer Interessen thatsächlich abgeschnitten werden kann, weil sie es im Vertrauen auf die gesetzliche Bestimmung leicht versäumen mögen, ihr Augenmerk auf die Einleitung eines derartigen Verfahrens zu richten und ihre Einwendungen rechtzeitig anzubringen. Der Polizeibehörde wird daher eine sorgfältige Beachtung der Vorschrift dringend zu empfehlen sein.

3. Einen grundsätzlich abweichenden Standpunkt nimmt der Minister der öffentlichen Arbeiten in seinem Erlasse v. 15. Dezember 1882 (M. Bl. 1883 S. 13. P. V. Bl., Jhrg. IV S. 177) ein. Im Anschluß an den in den E. des O. V. G. Bd. II S. 409 ff. näher entwickelten Satz, daß die Ortspolizeibehörden nicht befugt sind, anderen Staatsbehörden die Normen für die von denselben zu vollziehenden Akte der Staatshoheit vorzuschreiben, sondern die ihnen anvertrauten Interessen nur durch Benehmen mit den betheiligten Behörden sowie durch Beschwerde

Zu §. 6.

bei den Aufsichtsinstanzen derselben wahren können, wird angenommen, durch das Gesetz vom 2. Juli 1875 sei ebenfalls weder den Ortspolizeibehörden noch auch — in höherer Instanz — den Verwaltungsbeschlußbehörden eine hierüber hinausgehende Befugniß beigelegt; auf dem vom O.V.G. bezeichneten Wege seien daher alle Meinungsverschiedenheiten, welche zwischen den zur Wahrnehmung ihrer Interessen auf Grund des §. 6 und den das Gesetz handhabenden Ortspolizei= und Verwaltungsbeschlußbehörden entstehen, zum Austrage zu bringen. — Dieser Auffassung kann nicht zugestimmt werden; sie beruht auf einer offenbaren Verkennung der einerseits den Polizeibehörden, andererseits den Verwaltungsbeschlußbehörden durch das Gesetz zugewiesenen Stellung. Zweifellos ist den Ortspolizeibehörden nicht das Recht eingeräumt, bei Meinungsverschiedenheiten mit den im §. 6 erwähnten Behörden über die Richtigkeit der von diesen vertretenen Ansichten zu befinden; in eine derartige Lage bringt sie aber das Gesetz überhaupt nicht. Die Ortspolizeibehörden haben über die Festsetzung von Fluchtlinien nicht zu entscheiden, sondern nur Erklärungen abzugeben oder Anträge zu stellen; bei der „Handhabung" des Gesetzes treten sie gewissermaßen in der Rolle einer Partei dem Gemeindevorstande oder den sonst Betheiligten gegenüber auf und haben die Entscheidung wegen der bestehenden Streitpunkte von den Verwaltungsbeschlußbehörden entgegenzunehmen. Für ihr Verhalten in dem Verfahren sind außerdem an sich lediglich die von ihnen wahrzunehmenden polizeilichen Rücksichten maßgebend (§. 1 Abs. 2, §. 5 Abs. 1); sie können deshalb die Vertretung aller außerhalb dieses Rahmens liegenden Interessen den dazu berufenen Behörden überlassen; gerade zu dem Zwecke sollen sie dafür sorgen, daß diesen Behörden „rechtzeitig zur Wahrung ihrer Interessen Gelegenheit gegeben" werde (§. 6). Nun mag nichts dagegen zu erinnern sein, daß sie sich auf die Seite dieser Behörden stellen und deren Anschauungen in dem Verfahren auch ihrerseits zur Geltung bringen; dann aber sind ihre Einwendungen, ebenso wie in allen sonstigen Fällen, hier gleichfalls dem Ausspruche der Verwaltungsbeschlußbehörden unterworfen. Jedenfalls hat die Stellung der letzteren Behörden mit der Stellung

Zu §§. 6 u. 7.

der Ortspolizeibehörden nicht das Mindeste gemein. Die Verwaltungsbeschlußbehörden bilden keineswegs eine „höhere Instanz" der Ortspolizeibehörden; sie sind vielmehr die gesetzlich berufenen Organe, welche in einem besonders geordneten Instanzenzuge über Meinungsverschiedenheiten einestheils zwischen Gemeindevorstand und Polizeibehörde, anderntheils zwischen diesen beiden Organen und den betheiligten Interessenten zu befinden haben. Unter welche Klasse man nun die im §. 6 gedachten Staatsbehörden bringen will — ob man sie der Ortspolizeibehörde gleichstellt oder lediglich zu den Interessenten rechnet — immer erscheinen die Verwaltungsbeschlußbehörden befugt, auch über die von jenen erhobenen Widersprüche zu entscheiden und sie demgemäß auch eintretendenfalls für unbegründet zu erklären. Aus dem Gesetze ist auch nicht der geringste Anhalt dafür zu entnehmen, daß Einwendungen der fr. Behörden einer Erledigung in dem vorgeschriebenen Verfahren nicht unterliegen sollen; der §. 6 bringt im Gegentheil bestimmt zum Ausdrucke, daß sie ebenfalls in dem Verfahren angebracht und berücksichtigt werden sollen. Hätte es nun in der Absicht gelegen, hier die regelmäßig eintretende Entscheidungsbefugniß der Verwaltungsbeschlußbehörden auszuschließen, so mußte das im Gesetze völlig klargestellt werden; es findet sich aber weder im Gesetze selbst noch in den Verhandlungen der gesetzgebenden Körperschaften eine dahin gehende Andeutung. Abgesehen hiervon liegt es auch für die Verwaltungsbeschlußbehörden ganz außerhalb der ihnen gesetzlich zugewiesenen Thätigkeit, eine Ausgleichung der etwa mit anderen Staatsbehörden in dem Festsetzungsverfahren hervortretenden Meinungsverschiedenheiten durch Erhebung von Beschwerden bei den Aufsichtsinstanzen jener Staatsbehörden herbeizuführen. Die aus der Rechtsprechung des O. V. G. angezogenen Grundsätze passen daher in keiner Weise.

Zu §. 7.

1. Durch die §§. 7 und 8 ist nach dem Vorgange der Badenschen und Württembergschen Gesetzgebung ein Verfahren eingeführt, welches den Motiven der Staatsregierung zufolge „eine allseitig gründliche und durchaus unbefangene Erörterung

Zu §. 7.

aller Einsprüche und Einwendungen ermöglichen und eine sachgemäße und ausgleichende Entscheidung sichern" soll. Nach den Vorschlägen der Komm. b. A. H. tritt es in allen Fällen einer Fluchtlinienfestsetzung gleichmäßig ein; nur da, wo blos einzelne Grundstücke betroffen werden, glaubte man eine Vereinfachung zulassen zu können und schaltete zu dem Ende den Absatz 2 ein.

2. Regel bildet die öffentliche Auslegung. Sie geschieht zu "Jedermanns Einsicht". Damit spricht das Gesetz aus, daß zur Erhebung von Einwendungen "Jedermann" befugt ist. Das Recht steht demnach nicht blos den von der Fluchtlinie betroffenen Grundbesitzern oder etwa den Anwohnern der fraglichen Straße zu. Auch in Beziehung auf die Art der Einwendungen zieht das Gesetz keine Schranke; sie können sowohl darauf, daß ein Privatinteresse geschädigt werde, als darauf, daß ein öffentliches Interesse nicht gehörig berücksichtigt sei, gestützt werden. Zwar liegt die Beachtung der öffentlichen Interessen, soweit zu deren Vertretung nicht die im §. 6 bezeichneten Behörden besonders berufen sind, schon dem Gemeindevorstande und der Polizeibehörde von Amtswegen ob; allein dem Einzelnen ist es unbenommen, seine von der Auffassung dieser Organe abweichende Meinung ebenfalls geltend zu machen. Bei den Privatinteressen reicht es selbstredend nicht hin, daß dem Betheiligten irgend ein Vermögensnachtheil erwächst; vielmehr wird ein Einwand hieraus mit Aussicht auf Erfolg nur dann entnommen werden können, wenn sich darthun läßt, daß den öffentlichen Interessen mit größerer Schonung der Privatinteressen Genüge geschehen kann, also die Maßregel entweder ganz entbehrlich oder in anderer, als der beabsichtigten Weise ausführbar ist. Entscheidend bleibt demgemäß die Abwägung zwischen den Anforderungen des öffentlichen Wohles auf der einen Seite und dem Schutze, welcher den Betheiligten hier ebenso wie in dem Enteignungsverfahren bei Feststellung des Planes angedeihen soll, auf der anderen Seite.

3. Die öffentliche Auslegung ist ein wesentliches Erforderniß; sollte sie ganz versäumt oder in einer derartig fehlerhaften Weise, daß den Betheiligten die Einsichtnahme des Planes unthunlich

Zu §. 7.

gemacht wäre, bewirkt sein, so würde das Verfahren mit einem Mangel behaftet erscheinen, welcher die Rechtsgültigkeit der Fest=
setzung ausschlösse. O. V. G. E. v. 22. Juni 1885 II. 678. P. V. Bl., Jhrg. VII S. 69.

4. Nach der Fassung des Absatzes 2 kann die hier gegebene Vorschrift nicht auf den Fall beschränkt werden, wo nur ein Grundstück in Frage kommt. Deshalb bestimmt sich nach den jedesmaligen Verhältnissen, ob die Voraussetzungen für eine An=
wendung des Absatzes 2 gegeben sind; theoretisch läßt sich nicht sagen, bei welcher Zahl von Grundstücken der Begriff „einzelne Grundstücke" noch paßt oder nicht mehr zutrifft. Da es sich aber um eine Ausnahme von der Regel handelt, wird der Gemeinde=
vorstand sich dieses Weges zweckmäßigerweise nur da bedienen, wo derselbe nach keiner Richtung hin Bedenken hervorruft. Es dürfte dabei noch zu beachten sein, daß eine Offenlegung zu Jeder=
manns Einsicht selbst bei dem unzweifelhaften Vorhandensein der im Gesetz hingestellten Bedingung aus anderen Rücksichten un=
erläßlich sein kann. So wird möglicherweise bei Anlegung einer völlig neuen, für einen ganzen Stadttheil bedeutungsvollen Straße, deren Lage vielleicht Gegenstand lebhaften Streites ist, nur ein Grundstück betroffen. Hier verstieße es entschieden gegen den Geist des Gesetzes, wenn der Gemeindevorstand sich auf eine Mit=
theilung an den betreffenden Eigenthümer beschränken wollte, zu=
mal es nicht ohne Zweifel ist, ob im Falle des Absatzes 2 andere Personen, als die betheiligten Grundbesitzer, zur Erhebung von Einwendungen gegen den Plan, von welchem sie sich etwa unter der Hand Kenntniß verschafft haben, rechtlich befugt sind.

5. Die in Absatz 1 hinsichtlich der Frist gegebene Vorschrift gilt auch für Absatz 2. — Da die Frist nach ausdrücklicher An=
ordnung des Gesetzes präklusivisch ist, sind nach Ablauf derselben erhobene Einwendungen nicht zu berücksichtigen. Die Wohlthat der Wiedereinsetzung in den vorigen Stand, welche der §. 52 Absatz 2 des Landesverwaltungsgesetzes in Fällen unverschuldeter Versäumung von Beschwerdefristen gewährt, kommt hier den Betheiligten nicht zu Gute.

Zu §. 8.

1. Das Gesetz verweist in erster Linie auf eine Erledigung der Einwendungen durch Verhandlung mit den Beschwerdeführern. Dabei hat vermuthlich die Annahme vorgeschwebt, die Beschwerdeführer würden zum größten Theile bei einer näheren Darlegung der für den Plan maßgebend gewesenen Gründe sich von der Nothwendigkeit oder Zweckmäßigkeit der Maßregel selbst überzeugen und die Einwendungen zurücknehmen. Eine Verhandlung in dem Sinne, daß Gemeindevorstand und Beschwerdeführer sich über eine Abänderung des Projektes verständigen sollten, kann nicht wohl gemeint sein; denn jede wesentliche Aenderung würde nach dem Grundsatze des §. 1 wieder das Einverständniß der Gemeinde und die Zustimmung der Polizeibehörde erfordern, auch regelmäßig eine neue Auslegung des Planes nöthig machen.

Die vorgängige Verhandlung mit den Beschwerdeführern ist nicht unbedingt vorgeschrieben; der Kreisausschuß kann daher, auch wenn der Gemeindevorstand etwa wegen voraussichtlicher Erfolglosigkeit davon abgesehen haben sollte, in die Erörterung und Beschlußfassung eintreten.

2. Der Kreisausschuß fungirt auch hier wieder als Beschlußbehörde. Das Verfahren wird sich meistens so gestalten, daß der Gemeindevorstand dem Kreisausschusse die Akten einreicht und sich dabei über die erhobenen Einwendungen soweit erforderlich näher äußert. Ob dann der Kreisausschuß sofort entscheiden oder noch weitere Ermittelungen vornehmen, vielleicht auch zu einer mündlichen Verhandlung schreiten will, hängt von seinem Ermessen ab. Ein Antrag des Abg. Stujchke, zu dem Verfahren immer die Ortspolizeibehörde zuzuziehen, fand im A. H. die Mehrheit nicht.

Erachtet der Kreisausschuß die Einwendungen für unbegründet, so weist er sie einfach zurück. Hält er sie aber für begründet, so entstehen Zweifel, wie weit er in seiner Entscheidung zu gehen hat. Dem Regierungsentwurfe zufolge sollte der Kreisausschuß nach Verhandlung über die Einwendungen und nach näherer Prüfung des Planes den letzteren feststellen; es hatte daher der Kreisausschuß den Plan seinerseits so umzugestalten, wie dies

Zu §. 8.

gemäß der über die Einwendungen getroffenen Entscheidung nothwendig wird. Das Gesetz weist aber dem Kreisausschusse nur die Entscheidung über die Einwendungen zu, während die der Entscheidung entsprechende förmliche Feststellung des Plans demnächst von dem Gemeindevorstande vorzunehmen ist. Man könnte annehmen, dem so geordneten Verfahren liege derselbe Gedanke zum Grunde, von welchem das A. H. sich bei den Berathungen über die §§. 1 und 5 hat leiten lassen (vgl. Bem. 3 zu §. 5); damit würde man zu dem Schlusse gelangen, der Kreisausschuß müsse sich darauf beschränken, die Einwendungen für begründet zu erklären, und habe sich eines Ausspruches, daß und wie der Plan abzuändern sei, zu enthalten. Der Entschließung des Gemeindevorstandes bliebe es dann überlassen, ob er den Plan entweder ganz fallen lassen oder in einer anderen Gestalt — sei es in derjenigen, welche der ergangenen Entscheidung entspricht, sei es in irgend einer neuen — wiederaufnehmen und in diesem Falle das Verfahren von Frischem beginnen will. — Nun wird man dem Gemeindevorstande die Befugniß, den Plan bis zum vollständigen Abschlusse des Verfahrens jederzeit zurückzuziehen, unbedenklich einräumen können; er erscheint dazu also auch nach getroffener Entscheidung über die Einwendungen berechtigt. Die Frage ist nur, ob es bei wesentlicher Veränderung des Planes, wenn der Gemeindevorstand trotzdem an letzterem festhalten will, eines nochmaligen Verfahrens bedarf. Ein solches kann jedenfalls nicht eingeleitet werden, wenn die Entscheidung dahin ergeht, daß der Plan in einer bestimmten, näher angegebenen Weise abzuändern sei; denn hier wird die Gestalt des Planes durch die Entscheidung schon endgültig bestimmt; es bleibt dagegen formell zulässig, wenn nur die Einwendungen als begründet anerkannt, die daraus hervorgehenden Konsequenzen aber nicht gezogen sind. Für eine Wiederholung des Verfahrens spricht Manches. Wird der Plan wesentlich verändert, so hat man es mit einem Plan zu thun, dem sowohl das Einverständniß der Gemeinde wie die Zustimmung der Ortspolizeibehörde fehlt und gegen den Einwendungen aus dem Publikum oder Seitens der im §. 6 gedachten Behörden nicht haben erhoben werden können. Man braucht sich

Zu §. 8.

nur den Fall zu vergegenwärtigen, wo die Fluchtlinien derart verschoben werden, daß sie andere Grundstücke berühren, oder wo die Anlegung einer nicht projektirten Straße bez. die Streichung einer projektirten Straße ausgesprochen wird; hier springt sofort in die Augen, wie tief eingreifend eine derartige Entscheidung wirken kann und wie bedenklich es ist, die möglicherweise sehr berechtigten Einsprüche Dritter ohne Weiteres abzuschneiden. — Trotz dieser schwerwiegenden Gründe scheint aber doch die Ansicht den Vorzug zu verdienen, daß die zur Entscheidung über die Einwendungen berufenen Behörden befugt sind, definitiv über die Gestalt des Planes zu befinden. Zunächst ist nur so die Fassung des zweiten Satzes zu erklären, welche, ohne auf eine Ausnahme hinzudeuten, voraussetzt, daß der Plan jedesmal nach endgültiger Entscheidung über die Einwendungen von dem Gemeindevorstande festgestellt wird. Weiter läßt sich auch in den Verhandlungen kein Anhalt dafür entdecken, daß der Gesetzgeber an eine Wiederholung des Verfahrens gedacht habe. Die Regierungsvorlage ließ dafür nach dem vorhin Bemerkten keinen Raum, und daß sie zu dem Zwecke abgeändert wäre, um der Entscheidung des Kreisausschusses einen ganz anderen Inhalt zu geben, ist nicht ersichtlich. Die Komm. d. A. H. hatte den zweiten Satz folgendermaßen gefaßt:

> Demnächst wird der festgesetzte Plan zu Jedermanns Einsicht offengelegt und, wie dies geschehn soll, bekannt gemacht.

Hierin lag keine Abweichung von dem Entwurfe; denn unter dem „festgesetzten Plane" konnte nach dem Zusammenhange nur der durch den Kreisausschuß festgesetzte Plan verstanden werden. Die jetzige Fassung beruht auf einem Antrage des Abg. Stuschke, welchen der Berichterstatter mit der Bemerkung empfahl, er spreche dasjenige, was die Kommission gewollt habe, besser aus. Nach diesen Vorgängen muß man der schließlichen Feststellung, welche nunmehr vom Gemeindevorstande zu vollziehen ist, lediglich die Bedeutung eines formellen Aktes beilegen; darauf deuten auch die Worte des Gesetzes hin: „so hat der Gemeindevorstand den Plan f ö r m l i c h festzustellen". Wäre die Absicht gewesen, die Stellung des Kreisausschusses in durchgreifender Weise umzu=

Zu §. 8.

gestalten, so hätte das irgendwie zum Ausdruck kommen müssen. Endlich würde eine Wiederholung des Verfahrens bei jeder wesentlichen Aenderung des Plans in vielen Fällen zu unerträglichen Verschleppungen führen und die oberen Instanzen zu einer mehrmaligen Entscheidung über dieselben Fragen nöthigen. — Den oben dargelegten, nicht unbedenklichen Folgen, welche bei dieser Auffassung entstehen können, werden die entscheidenden Behörden durch ein möglichst vorsichtiges Verfahren vorzubeugen suchen müssen, indem sie vor einer wesentlichen Abänderung des Planes diejenigen, bei welchen ein Interesse vorausgesetzt werden kann, zu den Verhandlungen zuziehen, nöthigenfalls auch der Gemeindevertretung und der Ortspolizeibehörde Gelegenheit zu einer nochmaligen Aeußerung geben. Uebrigens läuft es immerhin dem Gesetze nicht zuwider, wenn die entscheidende Behörde, wo sie die Sachlage hierzu angethan findet, von einem Ausspruche darüber, wie der Plan umzugestalten sei, Abstand nimmt und lediglich die Einwendung für begründet erklärt; das kann sogar nothwendig werden, z. B. wenn ein Einspruch die Ausarbeitung eines völlig neuen Planes erforderlich macht; es empfiehlt sich aber auch entschieden in anderen Fällen, wo ohne dies eine Schädigung berechtigter, bisher nicht genügend vertretener Interessen zu besorgen steht.

3. Dem Gesetze liegt zwar die Voraussetzung zu Grunde, daß der Plan in dem gesammten Verfahren als ein einheitliches Ganze behandelt werde; indeß ist keine ausdrückliche Anordnung getroffen, welche eine Abweichung hiervon ausschlösse. Dem Gemeindevorstande muß es also unter Umständen freistehen, einzelne, unbeanstandet gebliebene Theile eines größeren Planes förmlich festzustellen, obgleich im Uebrigen noch wegen der gegen den Plan erhobenen Einwendungen verhandelt wird. Nothwendiges Erforderniß dafür ist aber, daß jene Theile völlig selbständig dem unerledigt bleibenden Reste gegenüberstehen und daß eine Rückwirkung des noch nicht abgeschlossenen Verfahrens auf die vorab endgültig festzustellenden Theile nicht stattfinden kann. Deshalb müssen jedenfalls örtlich verschiedene Flächen in Frage stehen; unzulässig erscheint dagegen eine Zerreißung des Planes in der Weise, daß auf derselben Fläche bestimmte Anlagen (etwa die

Straßenzüge) festgestellt werden, während andere, damit in Verbindung stehende Einrichtungen (z. B. für die Entwässerung) noch in der Schwebe bleiben. O. V. G. E. Bd. VIII S. 319 ff.

4. Die förmliche Feststellung des Planes, seine Auslegung und die bezügliche Bekanntmachung, welche auch im Falle des §. 7 Absatz 2 erforderlich sind, dürfen nicht fehlen.

5. Gegen die Festsetzung von Fluchtlinien ist der Rechtsweg nach allgemeinen Grundsätzen ausgeschlossen (vgl. auch E. des Kompetenz-Gerichtshofes v. 8. Januar 1876 — M. Bl. S. 78 — u. v. 11. Februar 1865 — J. M. Bl. S. 106).

6. Der Entwurf enthielt noch die Bestimmung, daß die durch Aufstellung und Offenlegung des Planes erwachsenden Kosten der Gemeinde zur Last fallen. Die Komm. d. A. H. strich das als selbstverständlich.

Zu §. 9.

1. Die Bestimmung des §. 9 wird man auch zur Anwendung bringen müssen, wenn eine Ortschaft zu mehreren Kommunalbezirken gehört, wie das in ländlichen Ortschaften bei dem Durcheinanderlaufen der Grenzen zwischen Guts- und Gemeindebezirk häufiger vorkommt.

2. Der Kreisausschuß hat über diejenigen Punkte ebenfalls zu entscheiden, hinsichtlich deren eine Einigung wegen mangelnden Einverständnisses der Gemeinden bez. deren Vertretungen nicht zu erzielen ist (vgl. Bem. 2 zu §. 5).

An sich würde die Entscheidung, wo die Fluchtlinienfestsetzung von den Gemeindevorständen ausgeht, in einem abgesonderten Vorverfahren zu treffen sein, nach dessen Beendigung die Gemeindevorstände sich dann erst mit den Ortspolizeibehörden ins Benehmen zu setzen hätten. Je nach Belegenheit der Sache mag es aber angemessen sein, die Polizeibehörden schon vorher herbeizuziehen, so daß etwaige Meinungsverschiedenheiten mit diesen in demselben Verfahren zum Austrage gebracht werden können.

Zu §. 10.

1. In dem ersten Satze ist — was übrigens auch aus allgemeinen Rechtsgrundsätzen folgen würde — noch besonders zum

Zu §. 10.

Ausdrucke gelangt, daß die vor Erlaß des Gesetzes vorgenommenen Fluchtlinienfestsetzungen bestehen bleiben. Früher waren für die Fluchtlinienfestsetzung bestimmte Formen gesetzlich nicht vorgeschrieben; es genügte daher jede Form, in welche überhaupt eine polizeiliche Anordnung gekleidet werden kann; auch für Bebauungspläne bedurfte es weder einer Veröffentlichung noch einer Beachtung der Vorschriften für den Erlaß von Polizeiverordnungen. Die Cirkularverfügung des Ministers für Handel c. vom 12. Mai 1855 (M. Bl. S. 100), welche allerdings für die Vorbereitung des Planes ein gewisses Publikationsverfahren anordnet, enthält nur eine Anweisung an die Behörden und ist keine, einer Gesetzesvorschrift gleichzuachtende Satzung, von deren Befolgung die Gültigkeit der älteren Bebauungspläne abhängt. O. V. G. E. Bd. V S. 381 ff.

2. Ob ein älterer Bebauungsplan veröffentlicht ist oder nicht, hat indeß nach anderer Richtung hin eine erhebliche Rechtswirkung. Wie die Civilgerichte bei den Entschädigungsklagen der Grundbesitzer in feststehender Rechtsprechung angenommen haben, wird für die Betheiligten erst durch die amtliche Veröffentlichung erkennbar, daß der Plan eine Anordnung der zuständigen Behörde enthält; während die Veröffentlichung eine sofortige Belastung der betreffenden Grundstücke mit den aus dem Plane hervorgehenden öffentlich rechtlichen Beschränkungen bewirkt, treten die letzteren bei unterlassener Veröffentlichung erst mit dem Augenblicke ein, in welchem die Polizeibehörde eine erbetene Bauerlaubniß auf Grund des Planes versagt und damit die Anordnung zur Kenntniß der Betheiligten bringt. Ob der Grundbesitzer etwa vorher auf nichtamtlichem Wege Kunde von dem Plane erlangt hat, ist an sich unerheblich und kann möglicherweise nur dahin führen, das Vorhandensein eines Schadens, welcher sonst aus den Beschränkungen entsteht und regelmäßig einen Entschädigungsanspruch gegen die Gemeinde begründet, im gegebenen Falle zu verneinen (wenn z. B. der Eigenthümer das Grundstück in Folge jenes Umstandes zu einem entsprechend niedrigeren Preise erworben hat). O. Tr. E. v. 27. Februar 1865 Bd. 53 S. 35; v. 31. Mai 1866 Bd. 56 S. 21; v. 10. Juli 1877 Bd. 80 S. 34;

u. v. 29. November 1877 Strieth. Bd. 99 S. 255; R. G. V. Cf. v. 14. Januar 1882 Bd. VI S. 295. J. M. Bl. S. 135. P. V. Bl., Jhrg. IV S. 7; v. 14. Oktober 1882 P. V. Bl., Jhrg. IV S. 68; v. 14. April 1886 P. V. Bl., Jhrg. VIII S. 181; v. 27. November 1886 P. V. Bl., Jhrg. VIII S. 238 u. v. 2. Juli 1888 P. V. Bl., Jhrg. IX S. 407.

3. Darüber, ob eine Fluchtlinienfestsetzung — sei es nach älterem, sei es nach neuerem Rechte — stattgefunden hat und welche Fluchtlinie hierbei festgesetzt ist, muß nach Lage des einzelnen Falles befunden werden. O. V. G. E. v. 11. September 1884 II. 721. P. V. Bl., Jhrg. VI S. 30 u. v. 28. Oktober 1885 II. 1044. P. V. Bl., Jhrg. VII S. 143.

4. An sich wird durch die Fluchtlinienfestsetzung nur das Projekt einer künftigen Straßenanlage aufgestellt; der Fluchtlinie kommen daher anderweite rechtliche Wirkungen, als die im Gesetz bestimmten, nicht zu. O. V. G. E. v. 22. Dezember 1881 II. 75 u. v. 9. April 1885 II. 404, P. V. Bl. Jhrg. VI S. 300.

Ueber die Durchführung des Planes enthält das Gesetz keine näheren Anordnungen; sie erscheinen auch entbehrlich. Nach der Stellung, welche auf diesem Gebiete den Gemeindeorganen zukommt und ihnen außerdem noch besonders durch das Gesetz angewiesen ist (vgl. Einleitung unter I sowie §. 1 Abs. 1 und §. 5), hat die Verwirklichung des Projektes der Regel nach von der Gemeinde auszugehen; dem entspricht es, wenn §. 11 nur der „Gemeinde" das Recht zuerkennt, die nach dem Fluchtlinienplane für Straßen und Plätze bestimmte Grundfläche zu enteignen (vgl. auch §. 13 Nr. 1). Hierdurch wird indeß die Einwirkung der Polizeibehörde, wenngleich sie gegenüber den ihr sonst bei der Fürsorge für öffentliche Wege zustehenden Befugnissen eine gewisse Beschränkung erfahren mag, doch jedenfalls nicht ganz beseitigt. Liegt ein Bedürfniß zur Ausführung der Straßenanlage vor, so ist die Polizeibehörde berechtigt, dieselbe im Wege einer — in den Kreisordnungs-Provinzen auf Grund des §. 55 des Zuständigkeitsgesetzes zu erlassenden — Auflage an die wegebaupflichtige Gemeinde zu verlangen und nöthigenfalls zwangsweise durchzusetzen; bei entstehendem Streite wird über die Nothwendigkeit ꝛc.

Zu §. 10.

der geforderten Maßnahmen, wie bei allen anderen wegepolizeilichen Verfügungen, in dem gesetzlich geregelten Verfahren befunden. Der Polizeibehörde verbleibt daneben die ihr zustehende Aufsicht über die öffentlichen Straßen auch insofern, als sie die Art, wie die Straßen einzurichten und demnächst für den öffentlichen Verkehr geeignet zu erhalten sind, in gewöhnlicher Weise zu bestimmen hat. Das Gesetz überträgt den Gemeinden nur die Festsetzung der Fluchtlinie, also der Richtung und der Breite der Straße, verbunden mit der erforderlichen Anordnung über die Neigungs- und Abwässerungs-Verhältnisse (§. 4). Nun mag es durchaus zweckmäßig sein, bei Feststellung des Planes im Einverständnisse mit der Polizeibehörde zugleich auch die Eintheilung der Straße in Bürgersteig, Fahrdamm, Promenadenweg ⁊c. zu regeln; soweit dies aber nicht geschehen sein sollte, tritt in erster Linie die Polizeibehörde mit ihren Anordnungen ein und kann jedenfalls die Gemeinde nicht einseitig vorgehen. Weiter bildet auch eine mit der Fluchtlinienfestsetzung zusammen erfolgte Eintheilung der Straße keinen gesetzlichen Bestandtheil der ersteren, sodaß davon nur im Wege einer neuen Fluchtlinienfestsetzung abgewichen werden könnte. In Folge dessen bleibt die Polizeibehörde befugt, von der Gemeinde die Verbreiterung des Bürgersteiges auf Kosten des Fahrdammes oder umgekehrt des Fahrdammes auf Kosten des Bürgersteiges vermittelst einfacher wegepolizeilicher Verfügung zu verlangen. Endlich hat die Polizeibehörde bei der Bestimmung darüber mitzuwirken, wie die einzelnen Theile der Straße herzustellen und insbesondere zu befestigen sind. Dies hat im Gesetze selbst eine ausdrückliche Anerkennung gefunden, indem nach §. 12 die baupolizeilichen Bestimmungen des Orts darüber entscheiden, ob eine Straße für den öffentlichen Verkehr und den Anbau fertiggestellt ist. O. V. G. E. Bd. XIV S. 275; v. 17. Februar 1886 I. 223. P. V. Bl., Jhrg. VII S. 364; v. 11. September 1886 I. 1081. P. V. Bl., Jhrg. VIII S. 23; v. 27. November 1886 I. 1377; v. 25. Mai 1887 I. 574. P. V. Bl., Jhrg. VIII S. 314; v. 8. Oktober 1887 I. 1104 und v. 17. März 1888 I. 188. P. V. Bl., Jhrg. IX S. 266.

5. Fordert die Polizeibehörde dagegen eine Verbreiterung der

Straße über die festgesetzten Fluchtlinien oder über die thatsächlich bestehende Breite der Straße hinaus, so bedarf es der Festsetzung neuer Fluchtlinien auf dem im Gesetze vorgesehenen Wege; dies gilt auch, wenn nur die Vorgärten zur Straße gezogen werden sollen; denn dadurch werden die bisherigen Baufluchtlinien in Straßenfluchtlinien verwandelt. O.V.G. E. Bd. XIV S. 275 und v. 8. Oktober 1887 I. 1104.

6. Ueber das Verhältniß des §. 10 zu dem Eisenbahngesetze v. 3. November 1838 spricht sich ein Cirkular-Reskript des Handelsministers v. 8. Mai 1876 folgendermaßen aus: Durch das Gesetz v. 2. Juli 1875 ist das im §. 4 des Eisenbahngesetzes dem Handelsminister übertragene Recht, die Linie der zur Ausführung genehmigten Bahnen in ihrer Durchführung durch alle Zwischenpunkte festzustellen, in keiner Weise alterirt und ebensowenig hinsichtlich der Befugniß, die durch die Eisenbahnanlage nothwendig gewordenen Anlagen an Wegen 2c. festzusetzen, welche nach §. 14 des Eisenbahngesetzes den Regierungen und nach §. 21 des Enteignungsgesetzes v. 11. Juni 1874 den Verwaltungsgerichten (jetzt nach dem Zuständigkeitsgesetze v. 1. August 1883 den Bezirksausschüssen) zusteht, eine Aenderung eingetreten. Insoweit die Ausübung dieser Befugniß die Aufhebung oder Aenderung von Straßen oder Fluchtlinien bedingt, ist das Verfügungsrecht der zur Feststellung von Straßen und Fluchtlinien berufenen Behörden, welchen bei Bestimmung der Bahnlinie eine Mitwirkung oder ein Widerspruchsrecht nicht zusteht, überhaupt ausgeschlossen und kann §. 10 des Gesetzes v. 2. Juli 1875 nur insoweit Anwendung finden, als die Möglichkeit, über das innerhalb der Grenzen des Weichbildes oder des Bebauungsplanes belegene Terrain zu verfügen, nicht durch eine gesetzliche Verpflichtung, anderweite mit den Straßenanlagen kollidirende Anlagen zu dulden, beseitigt oder beschränkt wird. Doch ist es angezeigt, dem Gemeindevorstande und der Ortspolizeibehörde Gelegenheit zur Geltendmachung von Anständen oder Aenderungsvorschlägen zu geben. — Die hier vertretene Auffassung findet allerdings in dem Wortlaute des Gesetzes (§§. 10 u. 19) keine Stütze; doch scheint ihr Seydel, das Enteignungsgesetz, II. Aufl. S. 33 Note 29 ohne Bedenken

zuzustimmen und sie mag auch unvermeidlich sein, wenn man nicht in unlösbare Konflikte gerathen und die Einführung von Eisenbahnlinien in die Städte unter Umständen unmöglich machen will. Immerhin wäre es entschieden zweckmäßig gewesen, in ähnlicher Weise, wie dies durch den §. 158 des Zuständigkeitsgesetzes geschehen ist, dem §. 19 ausdrücklich eine Bestimmung hinzuzufügen, daß die den Landespolizeibehörden und dem Minister der öffentlichen Arbeiten im Eisenbahngesetze überwiesenen Befugnisse durch das Gesetz v. 2. Juli 1875 nicht berührt werden sollen.

Zu §. 11.

1. Beide Sätze des von der Komm. d. A. H. neugeschaffenen §. 11 erschienen der Kommission eigentlich selbstverständlich. Sie wurden aber, wie der Bericht sagt, aufgenommen, weil die Staatsregierung die entgegengesetzte Ansicht für richtig hielt, daß es auch nach Festsetzung der Fluchtlinien zur Entziehung oder dauernden Beschränkung des Grundeigenthums der im §. 2 des Enteignungsgesetzes v. 11. Juni 1874 vorgeschriebenen Königlichen Verordnung bedürfe. Bei einer solchen Auffassung erklärte man das Gesetz mehr oder weniger für nutzlos. — Nach Erlaß des Gesetzes hat denn auch der Minister der öffentlichen Arbeiten wiederholt anerkannt, daß gegenüber einer in Gemäßheit der gesetzlichen Bestimmungen vorgenommenen Fluchtlinienfestsetzung die Enteignungsbehörden ohne Weiteres das vorgeschriebene Verfahren einzuleiten haben, wenn von der Gemeinde die Feststellung der Entschädigung verlangt wird.

2. Ueber die Bedeutung des ersten Satzes findet sich in den Verhandlungen der Kommission und des A. H. so gut wie nichts. Etwas ganz Neues hat damit offenbar nicht angeordnet werden sollen; die Rechtsnorm, daß über die Fluchtlinie hinaus nicht gebaut werden dürfe, bestand von jeher; es sind aber die rechtlichen Folgen der Fluchtlinienfestsetzung näher präzisirt und es wird daneben der Zeitpunkt fixirt, wann sie eintreten.

Die Vorschrift steht im engsten Zusammenhange mit der Begriffsbestimmung der Baufluchtlinie im §. 1. Wenn es dort heißt: über die Fluchtlinie hinaus ist „die Bebauung" ausgeschlossen, so wird hier der hervorgehobene Ausdruck aufgelöst in „Neubauten, Um= und Ausbauten". Dies sind keine gesetzlich oder technisch festbestimmten Begriffe; ihre Abgrenzung macht daher Schwierig= keiten.

Unter „Neubau" wird man jede selbständige neue bauliche Anlage verstehen müssen, also Alles, was nach dem Sprachgebrauche „gebaut" wird, nicht blos Gebäude, Häuser und was dem gleich= steht, sondern auch offene Schuppen, Thürme, Denkmäler, Thore, Portale, Spaliere, Mauern und Zäune. Welches Material dabei zur Verwendung kommt (Steine, Eisen, Holz ⁊c.), ist an sich ohne Einfluß. O.V.G. E. v. 25. August 1879 II. 1272; v. 15. November 1880 II. 1581; v. 30. November 1882 II. 941. P.V.Bl., Jhrg. IV S. 155 und besonders Bd. VII S. 321, wo ein 2 m. hoher Lattenzaun, mit welchem das betr. Grundstück ein= gefriedigt werden sollte, als Neubau angesehen ist. Auch ein Bau unter der Erde wird von dem Verbote getroffen, z. B. eine unter= irdische Thonrohrleitung in Verbindung mit einem aus Mauer= werk bestehenden Gully und eine mit wasserdichter Ausmauerung versehene Mistgrube. O.V.G. E. v. 4. September 1884 II. 723 u. v. 8. Oktober 1886 II. 910. P.V.Bl., Jhrg. VI S. 6 u. Jhrg. VIII S. 136. Dagegen stellt das Einrammen von mehreren, in einem Abstande von je 1,20 m. befindlichen, unter sich nicht verbundenen Pfählen keinen Bau dar. O.V.G. E. v. 7. Juni 1883 II. 476. P.V.Bl., Jhrg. IV S. 321.

„Um= und Ausbauten" stehen in der Mitte zwischen Neubau und Reparatur. Namentlich der Gegensatz zur letzteren, also zu der gestatteten Wiederherstellung einzelner abgängig gewordenen Theile eines Bauwerks (O. V. G. E. v. 1. Februar 1883 II. 141. P.V.Bl., Jhrg. IV. S. 182), wird für zweifelhafte Fälle ein Merk= mal an die Hand geben können. Im Besonderen setzt ein „Um= bau" eine mehr oder minder veränderte Gestalt des Bauwerks, sei es im Aeußeren, sei es im Inneren, voraus; man spricht von ihm hauptsächlich dann, wenn die Umgestaltung behufs einer von der bisherigen abweichenden Benutzung des Bauwerks vorgenommen wird; doch ist eine solche neue Zweckbestimmung keineswegs un= bedingt erforderlich. Die baulichen Veränderungen brauchen

Zu §. 11.

weder der Zahl noch der Art nach sehr erheblich zu sein; ebensowenig ist nöthig, daß sie die Dauerhaftigkeit des Bauwerkes erhöhen; auch kommt es darauf nicht an, ob die einzelnen Arbeiten, an sich betrachtet, einer baupolizeilichen Genehmigung bedürfen. Soll ein Geschäftszimmer in einen Speisesaal, ein Wohnraum in einen Laden verwandelt werden, so genügt das Ausbrechen einer Thür, die Vergrößerung eines Fensters, das Ziehen einer neuen, die Entfernung einer alten Wand. Ferner ist die Verstärkung eines Gebäude-Fundaments in seiner Tiefe und Breite, die Ersetzung einer Fachwerkswand durch eine massive Mauer, die Umgestaltung eines Lattenzaunes in eine Planke aus zusammengefügten Brettern, die Erhöhung eines aufgemauerten Pfeilers um 2—3 Steinlagen als Umbau betrachtet. O. V. G. E. Bd. VIII S. 294 ff. u. S. 303 ff.; v. 16. Oktober 1879 II. 1499; v. 13. September 1883 II. 671; v. 29. Oktober 1883 II. 789; v. 9. Juni 1884 II. 522; v. 13. November 1884 II. 977; u. v. 30. April 1888 III. 324. P. V. Bl., Jhrg. V S. 18, 168 u. 318; Jhrg. VI S. 77; Jhrg. IX S. 382.

Die Bezeichnung „Ausbau" stellt man im gewöhnlichen Leben meistens dem „Rohbau" entgegen, als Inbegriff derjenigen Maßregeln, wodurch das Bauwerk im Innern seinem Zwecke entsprechend hergerichtet wird; demgemäß ist die Aufstellung von Feuerungsanlagen als ein Ausbau behandelt O. V. G. Bd. VI S. 325 ff.; das Wort mag hier aber vielleicht zugleich in dem Sinne von „Hinausbau" gemeint sein, jedenfalls ist letzterer so gut untersagt, wie der Umbau; nur wird man nicht füglich annehmen können, daß der Gesetzgeber in wesentlicher Abweichung von dem bisherigen, durch die §§. 79—82 Titel 8 Theil I Allg. Landr. sanktionirten Rechtszustande den Grundeigenthümern selbst eine von der Polizeibehörde für statthaft erachtete Ueberschreitung der Fluchtlinie durch an den Bauwerken angebrachte Vorsprünge (Risalite, Treppenstufen, Erker, Balkone ꝛc.) habe verwehren wollen. Das Vortreten einzelner Bautheile über die Bauflucht wird denn auch noch in allen neueren Baupolizeiordnungen bis zu einem gewissen Umfange ausdrücklich gutgeheißen.

Bei einem Neubau und Hinausbau ergiebt sich von selbst,

Zu §. 11.

ob die Fluchtlinie überschritten wird; bei einem Um= oder Ausbau ist die Frage häufig nicht leicht zu beantworten. Denn es wäre sicherlich eine zu enge Auffassung des gesetzlichen Ausdruckes: „über die Fluchtlinie hinaus", wenn man verlangen wollte, die baulichen Aenderungen selbst müßten stets vor der Fluchtlinie, von der Straße aus gerechnet, liegen. Durchschneidet nur die Fluchtlinie den Raum, welcher umgestaltet werden soll, so handelt es sich zweifellos um einen Aus= oder Umbau über die Flucht= linie hinaus. O. V. G. E. Bd. VI S. 325 ff. Andererseits läßt sich ein Um= oder Ausbau in einem von der Fluchtlinie weit ab= liegenden Theile des Gebäudes, vielleicht einem Seitenflügel, nur unter besonderen Umständen, z. B. wenn es sich um die Durch= führung eines einheitlichen, das ganze Gebäude erfassenden Bau= projektes handelt, als verboten betrachten. Die richtige Grenze ist hier nur unter Berücksichtigung der Verhältnisse des einzelnen Falles nach verständigem Ermessen zu finden.

3. Die Worte: „daß versagt werden können", gestatten an sich eine doppelte Auslegung; es kann damit für die zuständige Behörde nur die Ermächtigung, nicht dagegen die Verpflichtung, den Bau zu verbieten, ausgesprochen, es kann aber auch lediglich gesagt sein sollen, daß der Grundeigenthümer kein Recht auf Be= bauung mehr hat. Für erstere Annahme ließe sich geltend machen, daß der unbedingte Ausschluß jeder Bebauung in dem soeben (Bem. 2) entwickelten Sinne die größten Härten in sich schließen kann. Von der Festsetzung einer Fluchtlinie bis zur Regulirung der Straße in Gemäßheit derselben vergehen oft mehrere Jahre, bei Bebauungsplänen meistens Jahrzehnte; während dieser ganzen Zeit wird der Eigenthümer in der Verwerthung seines Grund= stückes empfindlich beeinträchtigt; es ist ihm nicht einmal gestattet, in den alten Grenzen eine hölzerne Einfriedigung um das Grund= stück zu ziehen. — Demungeachtet ist jene Ansicht nicht haltbar. Wie schon hervorgehoben, steht §. 11 in genauester Verbindung mit dem Absatz 4 des §. 1. Wenn er nun — abgesehen von der Erläuterung des Begriffs: „Bebauung" — hauptsächlich den Zeit= punkt feststellen soll, von welchem ab das Bestehen einer Flucht= linie die ihr rechtlich zukommende Wirkung äußert, daß „die Be=

bauung über sie hinaus ausgeschlossen ist", so kann die Absicht, es habe zugleich diese rechtliche Wirkung wieder abgeschwächt werden sollen, nicht vermuthet werden; angedeutet findet sie sich aber nirgends. Ihr steht außerdem entgegen, daß es eine auf der Hand liegende Inkongruenz wäre, wenn man die Durchführung einer Maßregel, welche überwiegend zum Schutze der Gemeinde — um ihr nicht die Regulirung der Straße zu erschweren — getroffen ist, in das Belieben oder Ermessen der zur Wahrung anderer Interessen berufenen Polizeibehörde stellen wollte. Denn letztere allein ist es, welche unter allen Umständen über die Ertheilung von Baukonsensen zu befinden hat (O. B. G. E. Bd. III S. 281). Das O. B. G. hat denn auch stets angenommen, daß die Polizei verpflichtet sei, die Genehmigung zu einer Ueberschreitung der Fluchtlinie zu versagen, und daß sie hierbei selbständig, ohne vorgängige Verhandlung mit der Gemeinde, vorzugehen habe. O. B. G. E. Bd. VII S. 327; Bd. VIII S. 299; v. 13. Februar 1882 II. 223; v. 29. Oktober 1883 II. 789. P. B. Bl., Jhrg. V S. 168; u. v. 21. Juni 1886 II. 677. P. B. Bl., Jhrg. VII S. 356.

Man kann es bedauern, daß der Gesetzgeber auf eine weitere Regelung verzichtet hat. Sie lag um so näher, als das Württembergische Gesetz Vorschriften enthält, die füglich hätten zum Muster dienen können. Es heißt dort (Art. 6 Abs. 4): „Die in die projektirten Ortsstraßen und Plätze fallende Grundfläche kann der Eigenthümer bis zur Abtretung an die Gemeinde benutzen und mit einer dem Bedürfnisse entsprechenden Einfriedigung versehen, auch solche Bauten darauf errichten, welche die Polizeibehörde unter der Bedingung, daß auf ihr Verlangen der Eigenthümer dieselben zu jeder Zeit auf seine Kosten wieder zu entfernen habe, und unter Sicherstellung gegen jeden daraus entspringenden Schaden besonders gestattet."

Auf einen ähnlichen Weg sahen sich denn auch bei uns die Polizeibehörden trotz der entgegenstehenden Bestimmungen des Gesetzes durch die unabweisbaren Anforderungen des Lebens gedrängt; thatsächlich haben sie Baukonsense, namentlich zu Einfriedigungen, unter ähnlichen oder noch weitergehenden Bedingungen mehrfach ertheilt. Dies war aber um so weniger ein erwünschter Zustand, als es auch nach Einführung des Verwaltungsstreitverfahrens gegen ein willkürliches Verfahren der Polizeibehörden keinen Rechtsschutz gab. Denn gegenüber dem Gesetze kann der Eigenthümer mit einer Klage auf Ertheilung des Baukonsenses niemals durchdringen, selbst wenn die Polizeibehörde, wie öfters vorgekommen, mit der Verweigerung des Konsenses gesetzlich ungerechtfertigte Forderungen (z. B. unentgeltliche Abtretung des in die künftige Straße fallenden Terrains an die Gemeinde) zu erzwingen versucht.

Die Minister des Innern und der öffentlichen Arbeiten haben in Folge dessen zur Herbeiführung eines gleichmäßigen Verfahrens unterm 15. Februar 1887 (M. Bl. S. 70) eine allgemeine Anordnung erlassen. In der Verfügung heißt es:

„Diese Bestimmung (des §. 11) verfolgt den Zweck, die Gemeinden dagegen zu schützen, daß durch eine inzwischen vorgenommene bauliche Veränderung der Werth eines ganz oder theilweise zu Straßenzwecken bestimmten Grundstückes gesteigert und die Gemeinde dadurch in die Lage versetzt wird, dem Eigenthümer bei der demnächstigen Abtretung eine höhere Entschädigung als zum Zeitpunkte der Fluchtlinienfestsetzung zahlen zu müssen.

Es sind darüber Zweifel entstanden, wie sich im Hinblick auf diese Absicht des §. 11 die Polizeibehörden bei der Behandlung der an sie herantretenden Gesuche auf Genehmigung von Bauten der gedachten Art zu verhalten haben. Behufs Herbeiführung eines gleichmäßigen Verfahrens in diesem Punkte sehen wir uns in Folge dessen veranlaßt, dahin Bestimmung zu treffen, daß fortan die Polizeibehörden in eine Prüfung der betreffenden Gesuche erst dann einzutreten haben, wenn von dem Unternehmer die Einwilligung der Gemeinde zu dem beabsichtigten Bau in einer der Polizeibehörde genügende Sicherheit bietenden Weise beigebracht worden ist, und daß, wenn diese Einwilligung entweder nicht ertheilt, oder aber die zur Beibringung derselben eventuell zu bestimmende Frist nicht innegehalten worden ist, die nachgesuchte Genehmigung auf Grund der Vorschriften im §. 11 zu versagen ist. Wird dagegen die Einwilligung nachgewiesen, so hat die

Polizeibehörde nach Maßgabe der in Betracht zu ziehenden polizeilichen Gesichtspunkte die Erörterung des Gesuches zu veranlassen und dasselbe in gewöhnlicher Weise zu erledigen.

Es bedarf hierbei keiner besonderen Hervorhebung, daß das in Vorstehendem geordnete Verfahren nicht dazu bestimmt sein kann, um unberechtigten Ansprüchen der Gemeinden Vorschub zu leisten. Wenn daher die Polizeibehörden die pflichtmäßige Ueberzeugung gewinnen sollten, daß von den Gemeindebehörden die Einwilligung zur Ausführung des Baues über die Fluchtlinie an Bedingungen geknüpft wird, welche über das Maß des Nothwendigen hinaus der Gemeinde Vortheile zu verschaffen bezwecken, oder aber die Einwilligung aus dem Grunde abgelehnt worden ist, weil der Unternehmer sich derartigen Bedingungen nicht fügen will, so hat die Polizeibehörde hiervon ihrer vorgesetzten Behörde Anzeige zu erstatten, welche letztere und zwar, soweit sie nicht zugleich Kommunal-Aufsichtsbehörde ist, nach Kommunikation mit der letzteren die erforderliche Abhülfe eintreten zu lassen, bez. darüber Entscheidung zu treffen hat, ob trotz der versagten Einwilligung die Baugenehmigung zu ertheilen ist."

Die Zweckmäßigkeit dieser Anweisung wird nicht zu bestreiten sein; mit der vom O.V.G. angenommenen Auslegung des Gesetzes befindet sich aber die Anordnung nicht im Einklange, da sie den Polizeibehörden unter gewissen Umständen die Ertheilung der Bauerlaubniß zur Pflicht macht, während das Gesetz nach der Auffassung des O.V.G. die Bebauung über die Fluchtlinie hinaus unbedingt ausschließt. Den Gemeinden kann damit ein Schutz, der ihnen gesetzlich zugesichert ist, entzogen werden, was immerhin Bedenken hervorruft. Uebrigens fehlt in dem Erlasse auch eine erschöpfende Vorschrift über das Verfahren der Polizeibehörde in denjenigen Fällen, wo die Gemeinde ihre Zustimmung verweigert. Ist die Gemeinde einverstanden, so hat sie sich — darüber dürfte nach der Verfügung kein Zweifel bestehen — vor Abgabe ihrer Erklärung mit dem Bauherrn über die von diesem zu erfüllenden Bedingungen zu einigen, so daß die Polizeibehörde demnächst den Konsens ohne jede Rücksicht oder Bezugnahme auf diese, ihr Gebiet nicht berührenden Verhandlungen ertheilt. Geht aber die Ge-

Zu §. 11.

meinde in ihren Anforderungen zu weit, so fragt sich, ob die Polizeibehörde diejenigen Bedingungen, welche sie bez. ihre Aufsichtsbehörde für angemessen hält, in der Bauerlaubniß festsetzen oder auch hier den Konsens einfach ertheilen soll. Letzteres dürfte der Absicht des Erlasses schwerlich entsprechen, ersteres dagegen die Polizeibehörde in unerwünschter Weise zu einer Wahrung des Gemeinde-Interesse heranziehen. An sich gehört es allerdings zu den Aufgaben der Polizeibehörde, bei Beurtheilung vorgelegter Baugesuche die Gemeinde gegen Benachtheiligungen durch Ueberschreitung der Fluchtlinie zu schützen; allein der vom Gesetze hierfür vorgezeichnete Weg besteht eben in der Versagung des Baukonsenses und jede Abweichung davon bringt die Polizeibehörde in eine ihr an sich nicht zukommende Stellung, welche besser vermieden wird.

Sofern nun die Polizeibehörde den Baukonsens an Bedingungen geknüpft haben sollte, kann ihre Verfügung in den s. g. Kreisordnungsprovinzen gegenwärtig — nach dem Wegfall der früher durch §. 155 des Zuständigkeitsgesetzes v. 27. Juli 1876 gewährten besonderen Klage — nur noch mit den in den §§. 127 ff. des Landesverwaltungsgesetzes v. 30. Juli 1883 vorgesehenen Rechtsmitteln angegriffen werden. Damit vermag indeß der Bauherr, wenn es schließlich zur Klage im Verwaltungsstreitverfahren kommt, eine ihm günstige Entscheidung niemals zu erreichen. Gegenüber dem gesetzlichen Bauverbote läßt sich eine Rechtsverletzung für den Unternehmer, wie sie die Voraussetzung für die Klage bildet, in der bedingungsweisen Zulassung des Baues nicht wohl erblicken; umgekehrt liegt darin unter allen Umständen ein Entgegenkommen der Polizeibehörde, auf welches der Bauherr keinen Anspruch hat; es wird ihm eine Bauerlaubniß, welche nach bestehendem Rechte zu versagen wäre, angeboten, und es bleibt seiner Entschließung überlassen, ob er davon Gebrauch machen will oder nicht; hält er es nun für vortheilhafter, die Bedingung zu erfüllen, als den Bau unausgeführt zu lassen, so kann er nicht füglich Grund zu einer Beschwerde über die Bedingung haben.

Sollte aber gleichwohl — etwa einer ganz willkürlichen oder aus dem Rahmen der polizeilichen Gesichtspunkte vollständig herausfallenden Bedingung gegenüber — die Klage als zulässig und begründet erachtet werden, so könnte doch immer nur auf einen dahin gerichteten Antrag die ganze Verfügung aufgehoben werden, womit dann der rechtliche Zustand, wie er vor Ertheilung der Erlaubniß bestand, einfach wiederhergestellt würde; eine bloße Streichung der für unstatthaft angesehenen Bedingung wäre schon nach allgemeinen Grundsätzen, weil auf diese Weise eine neue polizeiliche Verfügung von wesentlich anderem Inhalte geschaffen würde, als ausgeschlossen zu betrachten; sie verbietet sich hier aber auch noch besonders um deswillen, weil sonst der Verwaltungsrichter einen Baukonsens, welcher trotz des entgegenstehenden Gesetzes dem Unternehmer eine Bebauung über die Fluchtlinie hinaus gestattete, als zu Recht bestehend hinstellen würde.

4. Die Beschränkung tritt mit der schließlichen Offenlegung des Planes endgültig ein. Die Bedeutung des Wortes: „endgültig" findet sich nirgends erläutert. Daß der Ausdruck ein müßiger Zusatz sei, darf nach den Regeln der Auslegung nicht angenommen werden. Ein Hinweis darauf, daß die Betheiligten von diesem Zeitpunkte ab nicht mehr zu einem Widerspruche gegen die Fluchtlinie befugt sind, kann darin nicht liegen; denn dieser Zeitpunkt ist schon mit dem Ablaufe der Frist des §. 7 oder, wenn innerhalb derselben Einwendungen erhoben waren, mit der darüber getroffenen Entscheidung eingetreten. Daher bleibt nur die Annahme übrig, daß der Gesetzgeber eine Beschränkung auch vor dem angegebenen Zeitpunkte für möglich gehalten hat. Dies ist um so mehr vorauszusetzen, als nicht vermuthet werden kann, der Gesetzgeber habe zum Schaden der Gemeinden, deren Interessen gerade in Beziehung auf die Beschränkung der Baufreiheit in weitreichendem Maße berücksichtigt sind, den bestehenden Rechtszustand stillschweigend von Grund aus umgestalten wollen. Früher war, wie die Motive zur Regierungsvorlage nachdrücklich betonen, die Polizeibehörde jederzeit in der Lage, dem Bauen auf einer Fläche, welche ihrer Ansicht nach für den öffentlichen Verkehr in Anspruch genommen werden mußte, durch sofortige Feststellung einer Fluchtlinie entgegenzutreten. Jetzt wird es dem Gemeindevorstande auch bei größter Aufmerksamkeit nicht immer gelingen,

im Voraus für alle diejenigen Gebiete, auf welche sich die Baulust etwa werfen möchte, Fluchtlinien festzusetzen; und jedenfalls bleibt es den betheiligten Grundbesitzern unbenommen, sofort bei den ersten Einleitungen zur Aufstellung eines Fluchtlinienplanes die Erlaubniß zur Bebauung der für die Straße in Aussicht genommenen Flächen nachzusuchen und, wenn dann eine Verweigerung des Konsenses vor Beendigung des Verfahrens unstatthaft ist, den Zweck der Maßregel mehr oder weniger zu vereiteln. Der an sich sehr wenig empfehlenswerthe Ausweg, die Versagung der Bauerlaubniß von Seiten der Polizeibehörde so lange hinzuzögern, bis die Fluchtlinie feststeht, würde bei der Zeitdauer, welche das Verfahren öfters in Anspruch nimmt, voraussichtlich nicht immer von Erfolg sein. Die Gemeinden wären also durch das Gesetz gegenüber dem vorher geltenden Rechte entschieden schlechter gestellt. Läßt sich aber für eine derartige Absicht des Gesetzgebers aus den Verhandlungen überall nichts beibringen, so träte andererseits das Gesetz bei solcher Auffassung mit sich selbst in Widerspruch. Nach der Zerstörung ganzer Ortstheile durch Naturereignisse fordert es selbst jedesmalige Beschlußfassung darüber, ob ein neuer Bebauungsplan nothwendig sei. Wird die Frage bejaht, so ist ein Abschluß des Verfahrens binnen kurzer Frist gewiß nur selten zu erreichen; hat die Polizeibehörde aber keine Mittel, inzwischen die Wiederbebauung zu hindern, so kann man die Aufstellung des Planes ebenso gut ganz unterlassen. Der Gesetzgeber würde daher in dem §. 2 Absatz 2 eine praktisch unausführbare Vorschrift gegeben haben, wenn er gemeint hätte, künftig solle ein Baukonsens mit Rücksicht auf das Bedürfniß einer Fluchtlinienfestsetzung vor dem im §. 11 bezeichneten Zeitpunkte nicht verweigert werden dürfen. — Es könnte scheinen, als habe der Abgeordnete Virchow (Sten. Ver. d. A. H. S. 2118 Spalte 1), ohne Widerspruch zu finden, den entgegengesetzten Standpunkt eingenommen; doch lassen seine Aeußerungen auch die Deutung zu, daß von ihm nur hat hervorgehoben werden sollen, wie in Zukunft die Polizeibehörden nicht mehr befugt sind, ihrerseits Fluchtlinien festzustellen und auf Grund dieser Berechtigung gegen einen beabsichtigten Bau einzuschreiten. Eine solche einzelne Aeußerung dürfte aber überhaupt,

Zu §. 11.

wenngleich sie sich auf Erörterungen innerhalb der Kommission stützt, gegenüber den geltend gemachten Gesichtspunkten kaum durchschlagend sein. Ihr würde außerdem eine frühere, entschieden abweichende Ausführung des Abgeordneten Grafen von Wintzingerode (S. 2028 Spalte 2), welche damals ebenfalls nicht angefochten ist, entgegengestellt werden können.

Mag es nun auch auffallend erscheinen, daß die Befugnisse der Polizeibehörde einerseits und die Rechte der Grundbesitzer andererseits nicht schärfer gegen einander abgegrenzt sind, so muß doch eine Versagung des Baukonsenses auch während des Fluchtlinien=Feststellungsverfahrens als rechtlich zulässig angesehen werden. Das ist denn auch in der Rechtsprechung stets anerkannt. O. V. G. E. Bd. VIII S. 323 ff.; v. 20. April 1882 II. 381. P. V. Bl., Jhrg. III S. 277 u. v. 4. Februar 1886 II. 138. P. V. Bl., Jhrg. VII S. 196; R. G. V. Cf. E. v. 16. Mai 1885. P. V. Bl., Jhrg. VI S. 344; VI. Cf. E. v. 7. April 1888 Bd. XXI S. 210; V. Cf. E. v. 11. April 1888. P. V. Bl., Jhrg. IX S. 343.

Die Frage, wie weit das Festsetzungsverfahren gediehen sein muß, wird je nach den verschiedenen Fällen verschieden zu beantworten sein. Handelt es sich um die Wiederbebauung ganzer Ortstheile (§. 2 Abs. 2), so muß nach der klar erkennbaren Absicht des Gesetzgebers jeder Bau innerhalb der fr. Ortstheile bis dahin, wo über die Aufstellung eines Bebauungsplanes Beschluß gefaßt ist, und wenn eine solche Aufstellung beschlossen wird, bis zur Beendigung des Verfahrens verhütet werden können. Verlangt im Uebrigen die Polizeibehörde eine Fluchtlinienfestsetzung gemäß §. 1 Absatz 2, so wird die Versagung des Baukonsenses jedenfalls statthaft sein, sobald ein endgültiger Beschluß der zuständigen Behörde vorliegt, wonach für die in Rede stehende Fläche Fluchtlinien festzusetzen sind. Geht die Festsetzung von den Gemeindeorganen aus, so müssen sich wenigstens beide Gemeindebehörden über eine bestimmte Fluchtlinie, welche festgesetzt werden soll, geeinigt haben; so lange bloß Verhandlungen unter ihnen schweben, hat das vom Gesetz geordnete eigentliche Fest=

setzungsverfahren überhaupt noch nicht begonnen. O.V.G. E. v. 21. Januar 1887 II. 58. P.V.Bl., Jhrg. VIII S. 206.

Wo eine Fluchtlinienfestsetzung zur Zeit nicht in Frage kommt, ist auch die rechtliche Möglichkeit der Konsensversagung nicht gegeben. Ist also ein Verfahren eingeleitet, aber entweder mit allseitiger, wenn auch stillschweigender Zustimmung liegen geblieben oder dadurch endgültig erledigt, daß die erhobenen Einwendungen für begründet erklärt sind, so hat die Polizeibehörde kein Recht zur Ablehnung des Baugesuchs. O.V.G. E. Bd. II S. 362 ff.; v. 11. März 1887 II. 214. P.V.Bl., Jahrg. VIII S. 230.

Ob in den Fällen, wo die Bauerlaubniß vor endgültiger Festsetzung der Fluchtlinie versagt wird, eine Entschädigung beansprucht werden kann, ist bei §. 13 zu erörtern (s. Bem. 3 zu § 13).

5. Häufig wird das Festsetzungsverfahren erst eingeleitet oder abgeschlossen, nachdem schon Klage gegen die Verweigerung der Bauerlaubniß erhoben ist. Hier hat der Verwaltungsrichter nach Lage des Festsetzungsverfahrens zur Zeit der Urtheilsfällung zu entscheiden, da der Bauunternehmer durch Einreichung seines Baugesuches einen Anspruch auf Anwendung des damals geltenden Rechtes nicht erlangt. O.V.G. Bd. V S. 378; Bd. VI S. 258 u. 270; Bd. VIII S. 291; v. 4. Februar 1886 II. 139. P.V.Bl., Jhrg. VII S. 196 u. v. 7. Juni 1887 II. 528. P.V.Bl., Jhrg. VIII S. 318. Auch ermächtigt ein vor Feststellung der Fluchtlinie ertheilter Baukonsens den Bauherrn nicht zu einer Inangriffnahme des Baues nach geschehener Feststellung; denn der Konsens, wenn er etwa auch nach Vorschrift der maßgebenden Baupolizeiordnung ein Jahr lang in Kraft bleibt, ist nur die Erklärung der zuständigen Behörde, daß dem beabsichtigten Baue Hindernisse in dem zur Zeit geltenden öffentlichen Rechte nicht entgegenstehen, und enthält deshalb keine Zusicherung, daß dem Unternehmen nicht in der zur Ausführung gewährten Frist gesetzliche Hindernisse erwachsen können. Erst nach Ausführung des Baues erscheint eine Zurücknahme des Konsenses auf Grund des inzwischen geänderten Rechtes (sofern dies nicht ausnahmsweise nach ausdrücklicher Vorschrift auch auf bestehende Bauten anzuwenden ist) ausgeschlossen. O.V.G. E. Bd. II

Zu §. 11.

S. 353; Bd. V S. 379; Bd. XIII S. 394; v. 11. März 1887 II. 211. P. V. Bl., Jhrg. VIII S. 245 u. v. 8. Oktober 1888 III. 790.

6. Der §. 11 handelt nur von solchen Festsetzungen, welche in Gemäßheit des Gesetzes ergangen sind. Hinsichtlich der älteren Anordnungen von Fluchtlinien bewendet es also bei dem früher geltenden Rechte. Dies enthält in Betreff der rechtlichen Wirkung einer Fluchtlinie auf den Ausschluß einer Bebauung etwas Abweichendes nicht; insbesondere waren von jeher Neubauten über die Fluchtlinie hinaus verboten; weiter fallen aber auch Um- und Ausbauten, welche die Fluchtlinie überschreiten, unter den Begriff von „Veränderungen zum Schaden des gemeinen Wesens", die nach §. 66 Titel 8 Theil I Allg. Landr. an Bauwerken nicht vorgenommen werden sollen. Es steht daher nichts entgegen, die im ersten Satze des §. 11 gegebene nähere Regelung, mit welcher blos ein bisher schon anerkannter Grundsatz nach seinen einzelnen Folgen genauer erläutert ist, ohne Weiteres bei älteren Fluchtlinien der Regel nach gleichfalls anzuwenden. O. V. G. E. Bd. VIII S. 307—309. Ausgeschlossen erscheint dies nur insoweit, als die früheren Gesetze, insbesondere die verschiedenen Baupolizeiordnungen spezielle Vorschriften hierüber getroffen haben; letztere sind durch §. 19 des Gesetzes nicht beseitigt, weil sie eben mit den nur die neueren Fluchtlinien berücksichtigenden Bestimmungen des §. 11 nicht in Widerspruch stehen. Dabei kommt namentlich in Betracht, daß die Fluchtlinien älterer Zeit schon nach den §§. 79—82 Titel 8 Theil I. Allg. Landr. unter Genehmigung der Polizeibehörde durch gewisse Arten von Vorbauten (Kellerhälse, Erker, Löben ꝛc.) überschritten werden durften und daß dementsprechend die meisten früheren Baupolizeiordnungen nähere Anordnungen hierüber enthalten. O. V. G. E. v. 15. September 1881 II. 1127 u. v. 21. Juni 1886 II. 677. P. V. Bl., Jhrg. VII S. 856.

Dagegen kann auf Grund einer älteren Fluchtlinienfestsetzung ein Privatgrundstück nur unter Beachtung der Normen des Enteignungsgesetzes v. 11. Juni 1874, also nur nach Erwirkung einer Königlichen Verordnung, enteignet und zur Straße gezogen werden.

Zu §. 12.

1. Der §. 12, welcher aus dem Schooße der Komm. d. A. H. hervorgegangen ist, wird zwar in dem Kommissionsberichte unter dem ersten Abschnitte des Gesetzes „über das Verfahren bei Anlegung und Veränderung von Straßen" abgehandelt, greift aber seinem Inhalte nach darüber hinaus. In der E. des O.V.G. Bd. III S. 313 ff. ist aus dem Gange der Verhandlungen in der Komm. entwickelt, wie man sich dort vergegenwärtigt habe, daß es zur praktischen Durchführung der Bestimmungen im §. 15 eines allgemeinen Bauverbotes bedürfe, durch welches die Unternehmer oder Anlieger zur Erfüllung ihrer regulativmäßigen Verpflichtungen genöthigt würden. Daß dies in der That der Grund für die Einschaltung des §. 12 gewesen ist, lassen weder der Bericht noch die Protokolle mit Sicherheit erkennen; das Bauverbot hätte auch, wenn es überhaupt zur Sicherung der den Gemeinden im §. 15 gewährten Rechte erforderlich wäre — was keineswegs zutrifft (vgl. Bem. 7. a. zu §. 15) — nothwendig ein allgemeines, d. h. sämmtliche Gebäude umfassendes sein müssen, während es sich doch nur auf Wohngebäude mit einem Ausgange nach der neuen Straße beschränkt. Außerdem genügt zur Erklärung der Einschaltung durchaus das im Kommissionsberichte angegebene Motiv; das Bauverbot soll die Gemeinden gegen den Nachtheil schützen, welcher erfahrungsmäßig durch ein unregelmäßiges Bebauen unfertiger Straßen (s. g. wildes Bauen) herbeigeführt wird und schließlich die Gemeinden zur Herstellung von Straßenzügen nöthigt, welche an sich hätten entbehrt werden können und in einem beträchtlichen Theile, zwischen dem alten Straßennetze und den neuen Anlagen, vielleicht noch lange unangebaut bleiben.

Der §. 12 hat seine Stellung im Gesetze wohl deshalb erhalten, weil einestheils das darin behandelte Bauverbot sich naturgemäß an das Bauverbot des §. 11 anschließt und weil anderentheils die Entschädigungsfrage für alle durch das Gesetz eingeführten Baubeschränkungen gemeinsam im §. 13 behandelt werden sollte.

Zu §. 12.

2. Das Bauverbot tritt nicht kraft des Gesetzes ein, sondern ist von dem Erlasse eines Ortsstatuts abhängig gemacht. In Beziehung hierauf sind nähere Bestimmungen nur über die Mitwirkung der Aufsichtsbehörde (Absatz 2) und über die Veröffentlichung des Statutes (Absatz 3) getroffen. Während insoweit etwa abweichende Vorschriften der Gemeindegesetze über den Erlaß von Ortsstatuten abgeändert sind (§. 19), bleiben diese Vorschriften im Uebrigen bestehen; sie müssen deshalb ebenso wie die erwähnten Bestimmungen des Absatzes 2 und 3 beobachtet werden; Ortsstatute, welche nicht in Gemäßheit der dafür gegebenen Normen zu Stande gekommen sind, entbehren der Rechtsgültigkeit. O. V. G. E. v. 18. Oktober 1887 II. 933. P. V. Bl., Jhrg. IX S. 313.

An die Stelle des im Absatz 2 erwähnten Bezirksraths ist der Bezirksausschuß getreten (§. 153 Abs. 2 des Landesverwaltungsgesetzes). Die 21 tägige Beschwerdefrist ist (zuerst durch §. 42 des Organisationsgesetzes v. 26. Juli 1880 und demnächst) durch §. 51 des Landesverwaltungsgesetzes auf zwei Wochen herabgesetzt. Bei unverschuldeter Versäumung kann Wiedereinsetzung in den vorigen Stand gewährt werden. (§. 52 Abs. 2 a. a. O.)

3. Das Ortsstatut bleibt unwirksam, sofern nicht baupolizeiliche Bestimmungen darüber existiren, unter welchen Umständen eine Straße als für den öffentlichen Verkehr und den Anbau fertig hergestellt gilt. Diese Bestimmungen können vor oder nach Erlaß des Ortsstatuts getroffen sein; sie müssen aber als polizeiliche Vorschriften, also von der Polizeibehörde erlassen werden, so daß die Aufnahme derartiger Normen in das Statut selbst der Regel nach nicht genügt. O. V. G. E. Bd. III S. 286 ff.

Als diese Entscheidung erging, war bereits eine große Anzahl von Ortsstatuten mit selbständigen Anordnungen über die Erfordernisse einer fertiggestellten Straße bestätigt. Soviel bekannt, sind sie seitdem meistens nicht umgestaltet; man begnügte sich vielmehr damit, nachträglich die erforderlichen Polizeiverordnungen zu erlassen. Daß dann die Bedingungen für Anwendung des §. 12 gegeben sind, obgleich es an einer ausdrücklichen Bezugnahme des Statutes auf die baupolizeilichen Bestimmungen mangelt, ist vom O. V. G. wiederholt angenommen, sofern das Statut und die Polizeiverordnung in ihren Anforderungen der Hauptsache nach übereinstimmen; z. B. E. v. 8. April 1880 II. 651. Ist letzteres nicht der Fall, so entstehen erhebliche Schwierigkeiten, und es ist dringend angezeigt, einen derartigen Zustand zu beseitigen.

Ueber die Form, in welcher die baupolizeilichen Bestimmungen zu ergehen haben, enthält das Gesetz keine näheren Vorschriften. Unter den Begriff: „polizeilicher Bestimmungen" fallen aber nicht allein die in Gemäßheit der §§. 5 ff. des Gesetzes v. 11. März 1850 und der Verordnung v. 20. September 1867 erlassenen Polizeiverordnungen, sondern alle polizeilichen Maßnahmen, mögen sie nun in Gestalt von Verordnungen, Bekanntmachungen, Reglements oder Anordnungen im weitesten Sinne getroffen werden; jede dieser Formen genügt daher. O. V. G. E. Bd. VIII S. 344 ff. Folgeweise dürfte es auch ausreichen, wenn ein Statut, welches die erforderliche Regelung enthält, von der Polizeibehörde als solcher mitunterzeichnet ist; denn hierdurch bringt die Polizeibehörde zum Ausdrucke, daß die betreffenden Anordnungen von ihr gutgeheißen werden. Verschieden davon ist der Fall, wenn der die Polizei verwaltende Bürgermeister in seiner Eigenschaft als Vorsitzender des Magistrats mitunterzeichnet hat; hieraus kann keineswegs gefolgert werden, daß er als Polizeiverwalter gehandelt habe, da er in jener Eigenschaft durch die Beschlüsse des Magistrats gebunden ist und deshalb zu einer Thätigkeit veranlaßt werden kann, mit welcher er als Polizeibehörde nicht übereinstimmt. Von dem angedeuteten Gesichtspunkte aus würden schließlich polizeiliche Normen auch in einem Statute gefunden werden können, welches von einem zugleich die Ortspolizeiverwaltung handhabenden Magistrate erlassen ist; denn ein Grund zu der Annahme, daß der Magistrat hier nur als Gemeinde-, nicht aber als Ortspolizeibehörde thätig geworden sei, liegt bei der Zusammenfassung beider Funktionen in dem einheitlichen Organe nicht vor.

4. Das Ortsstatut muß sich innerhalb der Grenzen halten,

Zu §. 12.

welche Absatz 1 zieht. Soweit es darüber hinausgeht, fehlt ihm die Rechtsgültigkeit. Jene Grenzen ergeben sich aus den folgenden Bemerkungen.

5. Das Bauverbot bezieht sich lediglich auf „noch nicht für den öffentlichen Verkehr und den Anbau fertig hergestellte Straßen"; dies sind Straßen, deren Anlegung in Aussicht genommen, aber noch nicht vollendet ist.

a. Damit wird ein sämmtliche Wege in der Feldmark umfassendes Bauverbot ausgeschlossen; es dürfen nur s. g. projektirte Straßen getroffen werden. O. V. G. E. v. 18. November 1878 II. 1085 u. v. 18. September 1879 II. 1384. Die Gemeinden sind hierüber in ihren Statuten mehrfach hinausgegangen, um sich den vom Gesetze beabsichtigten Schutz unbedingt zu sichern; auf diese Weise wird aber eine rechtlich nicht begründete und praktisch zu sehr erheblichen Mißständen führende Beschränkung der Baufreiheit ohne Noth eingeführt. Denn die Entstehung neuer Straßen wider Willen der Gemeinden läßt sich auch auf anderem Wege hindern. In erster Linie gehört hierher die rechtzeitige Aufstellung von Bebauungsplänen für solche Flächen, deren Eingliederung in das Straßennetz für die nächste Zukunft zu erwarten ist. Daneben gestattet das Gesetz eine weitgehende Anwendung des Bauverbotes, wenn nur der Begriff der projektirten Straßen richtig abgegrenzt wird. Hierunter fallen nicht blos die in einen Bebauungsplan aufgenommenen oder durch Festsetzung von Fluchtlinien als neue Anlagen gekennzeichneten Straßen; vielmehr kann zunächst auch durch andere Umstände in genügender Weise zum Ausdruck gelangt sein, daß von der Gemeinde die Herstellung einer Straße geplant ist. Weiter erstreckt sich aber, da Straßen ohne jede Mitwirkung der Gemeindebehörden entstehen können (vgl. Bem. 5 zu §. 1), das Bauverbot auch auf solche Wege, deren Neuanlegung als Straße oder deren Umwandlung in eine Straße entweder durch Privatunternehmer mit Absicht herbeigeführt werden soll oder sich auf dem Wege fortgesetzter thatsächlicher Bebauung von selbst vollzieht. Es genügt, daß man es mit einer in der Entstehung begriffenen Straße zu thun hat. O. V. G. E. v. 15. September 1879 II. 1376; v. 20. November 1879 II. 1651

u. v. 20. März 1888 II. 316. Erschöpfende, ein für alle Mal gültige Merkmale lassen sich hierfür nicht aufstellen; als das Wesentliche erscheint immer, ob der Weg demnächst dem öffentlichen straßenmäßigen Verkehre dienen soll oder wenigstens die Entwickelung eines solchen Verkehres nach den gegebenen Umständen unvermeidlich sein würde; dagegen entscheidet nicht, ob einstweilen der Grund und Boden im Privatbesitze und die Last der Unterhaltung dem Unternehmer verbleibt. Das O.V.G. hat hiernach das Bauverbot schon da angewendet, wo nach der Sachlage, namentlich nach dem eigenen Verhalten des Bauunternehmers von der Voraussetzung ausgegangen werden mußte, daß die Herstellung einer Straße auf dem Privateigenthum des Bauherrn beabsichtigt sei, bei Ausführung des zur Genehmigung eingereichten Bauprojekts der erste Anbau an der neuen Straße errichtet und letztere auch weiter zum Anbau benutzt werden solle, auf diese Weise aber ein öffentlicher straßenmäßiger Verkehr sich allmählig mit Nothwendigkeit herausbilden müsse. O.V.G. E. v. 16. Mai 1882 II. 461; v. 10. Juni 1886 II. 622. P.V.Bl., Jhrg. VIII S. 30 (vgl. auch O.V.G. E. v. 19. Oktober 1886 II. 942. P.V.Bl., Jhrg. VIII S. 362).

b. Das Bauverbot darf nicht auf bestehende ältere, s. g. historische Straßen ausgedehnt werden. Dieser Satz ist in der E. des O.V.G. Bd. III S. 304 ff. näher begründet und seitdem unverändert festgehalten.

Historische Straßen sind jedenfalls nicht diejenigen, welche in Gemäßheit einer Fluchtlinienfestsetzung erst neu angelegt werden sollen, bisher aber noch nicht ordnungsmäßig ausgebaut sind; solche Straßen gehören vielmehr gerade zu den projektirten Straßen, mag im Uebrigen ihre Herstellung auch noch so weit vorgeschritten sein. Dies gilt gleichmäßig von Straßen, welche durch Unternehmer in einer bestimmten Gestalt projektirt, zu derselben aber noch nicht gediehen sind. O.V.G. E. v. 29. Oktober 1883 II. 787. P.V.Bl., Jhrg. V S. 78. Indeß kommt es nur auf die thatsächliche Vollendung der Straße an; ob der Grund und Boden bereits in den Besitz der Gemeinde gelangt ist, erscheint auch hier gleichgültig. O.V.G. E. v. 22. Juni 1888 II. 684. — Weiter

Zu §. 12.

können zu den historischen Straßen nicht die polizeiwidrig angelegten gerechnet werden (O. V. G. E. Bd. III S. 316); daher scheiden solche Straßen aus, welche entweder im Gegensatz zu einer für sie besonders getroffenen polizeilichen Anordnung hergestellt sind (O. V. G. E. v. 20. März 1888 II. 316) oder welche den allgemein aufgestellten polizeilichen Anforderungen an eine fertige Straße nicht entsprechen. Hieraus sind aber vielfach genügende Momente nicht zu entnehmen, da es meistens an derartigen polizeilichen Vorschriften aus früherer Zeit mangelt. In diesem Falle ist auf Grund der gesammten thatsächlichen Verhältnisse in eine freie Beurtheilung einzutreten, wobei sich die Entscheidung hauptsächlich danach richtet, ob die Straße dem allgemeinen Verkehre thatsächlich gedient hat und den übrigen Straßen der betr. Gemeinde als ein ebenbürtiges Glied des gesammten Straßennetzes gleichgestellt werden kann. O. V. G. E. Bd. IX S. 318 ff. In letzterer Beziehung ist maßgebend die Beschaffenheit des Straßenkörpers, nicht die der angrenzenden Grundstücke; deßhalb darf einer Straße die Eigenschaft als einer historischen nicht blos um deswillen abgesprochen werden, weil sie nur an einer Seite bebauungsfähig oder noch nicht mit Gebäuden besetzt ist. O. V. G. E. Bd. V S. 346, 347. Doch kann andererseits je nach Belegenheit des Falles der Umfang und die Art der Bebauung für die Frage, ob man es mit einer Straße oder nur mit einem für andere Zwecke ausgebauten Wege zu thun hat, immerhin von Bedeutung sein.

Entscheidend ist übrigens derjenige Zeitpunkt, in welchem das ortsstatutarische Verbot in Kraft tritt (vgl. Bem. 2 u. 3 oben). Die historische Straße braucht also nicht gerade aus älterer Zeit zu stammen; sie kann erst kurz vor Erlaß des Statuts oder der zugehörigen baupolizeilichen Bestimmungen entstanden sein, wenn es auch hier um so mehr einer sorgfältigen Prüfung bedürfen wird, ob das Vorhandensein einer fertigen Straße anzunehmen ist. Wie sich hieraus ohne Weiteres ergibt, dürfen an die Beschaffenheit des Straßenkörpers keine größeren Anforderungen gestellt werden, als sie bis zu dem angegebenen Zeitpunkte bei Straßen in ähnlicher Lage und von ähnlicher Bedeutung thatsächlich gestellt wurden; höhere Ansprüche, welche etwa nach dem Ortsstatute oder nach den späteren polizeilichen Bestimmungen begründet sein würden, kommen nicht in Betracht. Daneben bleibt zu beachten, in welcher Weise die sonstigen Straßen in der betr. Gemeinde ausgebaut sind, ob der fr. Weg in der eigentlichen Stadt oder etwa in einer, mit Straßen von geringerwerthigem Ausbau versehenen Vorstadt liegt, ob er nach dem auf ihm stattfindenden Verkehre als eine Haupt- oder als eine Nebenstraße anzusehen sein würde 2c. Ein wesentliches Gewicht wohnt dem Umstande bei, daß die Wegestrecke von der Gemeinde angelegt ist oder wenigstens unterhalten wird; unerläßliche Voraussetzung bildet dies indeß nicht, da es auch öffentliche Straßen giebt, welche von Unternehmern oder den Anliegern erbaut sind und in Stand erhalten werden (vgl. Bem. 4 zu §. 1).

Eine historische Straße wird dadurch, daß sie, insbesondere behufs ihrer Verbreiterung, neue Fluchtlinien erhält, nicht wieder in eine projektirte verwandelt; sie bestand als Straße und kann diese Eigenschaft nicht in Folge einer beabsichtigten Umgestaltung verlieren; zwar geräth sie von Neuem in den Zustand der Unfertigkeit; allein sie wird keine erst neu anzulegende Straße; denn eine Straße kann da, wo schon eine Straße vorhanden ist, nicht neu angelegt werden. O.V.G. E. Bd. V S. 345; Bd. XV S. 149; v. 22. Juni 1888 II. 684.

6. Der unklare Ausdruck: „Straßentheil" sollte nach Absicht der Komm. d. A. H. im Ortsstatute durch einen präzisen, den Verhältnissen des Orts angemessenen Ausdruck ersetzt werden. In den beim O.V.G. bekannt gewordenen Statuten ist das nirgends geschehen; nur enthält das Statut für die Stadt Frankfurt a. O. die zweckmäßige Anordnung, daß jedesmal durch den Magistrat eine Bekanntmachung erfolgen soll, sobald Straßen oder Straßentheile für den öffentlichen Verkehr und Anbau fertig hergestellt sind. Wo man aus dem Ortsstatute etwas Genaueres nicht entnehmen kann, ist man auf eine Auslegung im Sinne des Gesetzes angewiesen. Abweichend von dem zum §. 2 Absatz 1 Bemerkten werden nun hier unter Straßentheilen diejenigen Stücke der Straße, welche gerade vor den zu bebauenden Grundstücken

Zu §. 12.

liegen, nicht ohne Weiteres verstanden werden dürfen. O. V. G. E. v. 29. September 1879 II. 1429. Es würde dem Gedanken des Gesetzgebers vollständig widersprechen, wenn es genügen sollte, daß ein Bauherr den Straßentheil vor seinem Grundstücke vorschriftsmäßig herstellte, dagegen die Straße im Uebrigen rechts und links ein unregulirter Feldweg bliebe. Das Wesentlichste ist nach dem Zwecke des Bauverbotes der Zusammenhang des Straßentheils mit dem bestehenden Straßennetze. Deßhalb hat man den Anbau an einer fertig gestellten Strecke, welche auf beiden Seiten von einer ordnungsmäßigen Straße geschnitten wird, gewiß zu gestatten; es dürfte aber dem Geiste des Gesetzes gemäß sein, noch einen Schritt weiter zu gehen und den Anbau an jedem regulirten Straßentheile zuzulassen, welcher mit dem Straßennetze nach irgend einer Seite hin mittelst gehörig in Stand gesetzter Straßen in Verbindung steht. Bei sehr breiten Straßen, welche einen doppelten Fahrdamm erhalten sollen, wird man die eine Seite der Straße für sich als einen selbständigen Straßentheil ansehen können. Ob das sonst zulässig erscheint, ist Frage des einzelnen Falles; die Vermuthung spricht hier nicht dafür; es wird also, um die Annahme zu rechtfertigen, besonderer Momente bedürfen.

7. Untersagt kann nur werden, an unregulirten Straßen Wohngebäude zu errichten, die nach diesen Straßen einen Ausgang haben.

a. Das Gebäude muß also zum Wohnen bestimmt sein; Räume, welche ausschließlich dem Gewerbebetriebe dienen, gehören nicht hieher, selbst wenn sich darin Menschen den ganzen Tag aufhalten. O. V. G. E. Bd. VIII S. 316 ff. Dasselbe wird auch von Schulen und anderen nicht zum Wohnen bestimmten Gebäuden gelten müssen. Dagegen reicht es hin, wenn das Gebäude auch nur theilweise zum Wohnen benutzt wird; eine Untersuchung darüber, ob die Bestimmung zum Wohnen für das Gebäude als Ganzes überwiegt, ist abzulehnen. O. V. G. E. v. 4. September 1888 II. 843. P. V. Bl., Jhrg. IX S. 472; v. 22. Januar 1889 II. 84. Zweifelhaft mag es sein, ob nicht unter besonderen Umständen, wo die Bestimmung und Benutzung zum Wohnen gegenüber dem Hauptzwecke vollständig in den

Hintergrund tritt (z. B. wenn in einem großen Fabrikgebäude auch eine kleine Portierwohnung angelegt werden soll), der Charakter als Wohngebäude in Abrede genommen werden könnte; indeß bietet dafür das Gesetz kaum einen genügenden Anhalt; ein solches Gebäude bleibt zum Theil immer noch Wohngebäude, und es ist nicht abzusehen, weshalb dieser Theil, welcher unzulässig wäre, falls er als ein selbständiges Gebäude errichtet würde, durch die Verbindung mit einem anderen Bauwerke dem Verbote entzogen werden soll. Außerdem würde man auf diesem Wege schließlich doch wieder dahin gelangen, daß ein Abwägen stattzufinden habe, welcher Charakter für das Gebäude als Ganzes der überwiegende sei. — Ein Gefängniß ist trotz des unfreiwilligen Aufenthaltes seiner Insassen ein Wohngebäude. O.V.G. E. v. 7. Mai 1880 II. 758.

Unter die Errichtung eines Wohngebäudes fällt auch die Umwandlung eines bisher zu anderen Zwecken benutzten Bauwerkes in ein Wohnhaus, selbst wenn damit bauliche Aenderungen nicht verbunden sind (O.V.G. E. v. 27. Juli 1877 II. 1818 u. v. 3. November 1884 II. 931. P.V.Bl., Jhrg. VI S. 84), sowie der Wiederaufbau eines abgebrochenen oder durch Naturereignisse zerstörten Wohngebäudes (O.V.G. E. v. 31. März 1881 II. 532). Letzteres kann, obwohl nach dem Wortlaute des Gesetzes unvermeidlich, eine große Härte in sich schließen; dieser Fall möchte sich daher zu einer besonderen Behandlung im Ortsstatute eignen (vgl. Bem. 8 unten). — Die Erweiterung eines Wohngebäudes wird man gleichfalls unter den Begriff der Errichtung von Wohngebäuden bringen müssen, da auch hierdurch die Verhältnisse in Beziehung auf Benutzung und Beschaffenheit der Straße eine wesentliche Aenderung erleiden können. Voraussetzung dabei ist indeß, daß die Wohnung als solche, im Gegensatz zu den sonst im Gebäude etwa noch befindlichen Räumen, eine Erweiterung erfährt. In einem Falle, wo in einem bisher schon bewohnten Restaurationslokale, dessen Hauptbestandtheil ein Tanzsaal bildete, der Saal zu einem Theatersaal erweitert wurde, ist die Anwendbarkeit des §. 12 verneint. O.V.G. E. v. 13. Februar 1879 II. 380.

Zu §. 12.

b. Ob das Wohngebäude an der unfertigen Straße errichtet werden soll, ist jedesmal nach den thatsächlichen Verhältnissen zu prüfen; daß das Baugrundstück an der Straße liegt, genügt allein nicht. O. V. G. E. Bd. IV S. 369; vom 26. September 1888 II. 698. P. V. Bl., Jhrg. IX S. 421. Zweifel werden eintreten, wenn das Haus auf einem an mehrere Straßen grenzenden Grundstücke oder weit zurück von der Straße, sei es an einem besonderen Zugange, sei es hinter anderen Gebäuden errichtet werden soll. In ersterer Beziehung hat das O. V. G. die Ansicht mißbilligt, daß ein Haus, welches unmittelbar an der einen Straße liegt, dorthin seinen Ausgang und seine Front hat, zugleich als an derjenigen anderen Straße belegen gelten müsse, welche von einem an das Gebäude sich anschließenden Garten erreicht wird. O. V. G. E. Bd. IV, S. 369 u. v. 22. Februar 1889 II. 193. In letzterer Hinsicht ist ein Haus, welches von der Straße nur auf einem längeren, mit mehreren anderen Wohngebäuden besetzten Zufuhrwege zu erreichen war, als an jener Straße liegend angesehen, weil das Baugrundstück vermöge des dazu gehörigen Weges an die Straße stieß und stets als ein Grundstück an dieser Straße behandelt, das Haus auch mit einer Nummer dieser Straße versehen war. O. V. G. E. v. 31. März 1881 II. 532. Dagegen ist in einem Falle, wo das Baugrundstück durch einen schmalen, im Eigenthum der Gemeinde stehenden Streifen Landes von der Straße getrennt war und die Verbindung mit letzterer nur durch einen von der Seite her in die Straße einmündenden Privatweg vermittelt wurde, die Lage an der Straße verneint. O. V. G. E. v. 20. Dezember 1887 II. 1197. P. V. Bl., Jhrg. IX S. 155. Eckgebäude mit der Front nach beiden Straßen liegen an jeder dieser Straßen.

c. Der Ausgang des Wohngebäudes nach der unfertigen Straße ist ein wesentliches Erforderniß. Im Uebrigen erscheint es gleichgültig, ob der Ausgang unmittelbar oder mittelbar auf die Straße führt. Das Haus braucht demnach nicht direkt an der Straße zu stehen; der Ausgang kann auf einer von der Straße abgewendeten Seite, in der Hinterwand, im Hofe ꝛc. liegen; führt der Ausgang aus dem Hause und Grundstücke nach

Zu §. 12.

der unfertigen Straße, so trifft die Voraussetzung des Gesetzes zu. Umgekehrt ist es nicht maßgebend, daß das Haus seine Front der unfertigen Straße zukehrt und in der Front seinen Ausgang hat; wird hier das Grundstück durch eine Einfriedigung ohne Oeffnung von der unfertigen Straße abgeschlossen und hat seinen Ausgang thatsächlich nach einer anderen Straße, so kann §. 12 nicht angewendet werden. O.V.G. E. v. 27. Juli 1877 II. 1818 u. v. 7. Dezember 1878 I. 45. Im letzteren Falle ist eine Umgehung des Gesetzes nicht zu befürchten. Sollte nachträglich ein Ausgang nach der unfertigen Straße hergestellt werden, so wäre das der Errichtung eines Wohngebäudes mit einem Ausgange nach der unfertigen Straße gleichzustellen und erschiene folglich die Polizeibehörde zum Einschreiten befugt. O.V.G. E. Bd. V S. 390.

8. Da das Gesetz die Einführung des Bauverbots überhaupt in das Belieben der Gemeinde stellt, kann das Ortsstatut auch Ausnahmen von dem Bauverbote zulassen; es hält sich damit jedenfalls innerhalb der Grenzen der gesetzlichen Vorschrift. Derartige Bestimmungen werden sich wohl in den meisten Statuten finden; ihrem Inhalte nach weichen sie aber zum Theil erheblich von einander ab. Das unter den Anlagen abgedruckte Ortsstatut I für Berlin macht die Ausnahme, vorbehältlich der Zustimmung der Baupolizeibehörde, von der Bewilligung der städtischen Bauverwaltung abhängig. In anderen Statuten ist die Gestattung einer Ausnahme ebenso allgemein dem Ermessen beider Gemeindebehörden oder des Gemeindevorstandes allein überlassen. Vielfach findet sich aber auch vorgeschrieben, daß nur bei einer bestimmten Beschaffenheit des Weges und nur, wenn der Bauunternehmer gewisse, dem §. 15 des Gesetzes entsprechende Verpflichtungen übernimmt und dafür Sicherheit leistet, von dem Verbote abgewichen werden darf. In solchen Fällen empfiehlt es sich zur Abschneidung von Zweifeln besonders zum Ausdruck zu bringen, ob dem Unternehmer bei Erfüllung der Bedingungen ein Rechtsanspruch auf Ertheilung der Bauerlaubniß zustehen oder ob in den Vorschriften des Statutes nur eine Anweisung für die Gemeindebehörden in Beziehung auf das einzuschlagende

Zu §§. 12—14.

Verfahren, aus welcher die Bauunternehmer Rechte nicht herleiten können, enthalten sein soll. Unzweckmäßig ist jedenfalls die in verschiedenen Statuten vorkommende Fassung: „An Straßen ꝛc., welche noch nicht — — hergestellt sind, kann die Genehmigung — — versagt werden;" denn hier bleibt ungewiß, welche Behörde über die Versagung oder die Zulassung des Baues zu bestimmen hat.

Ist die Gestattung der Ausnahme ins Ermessen der Gemeindeorgane gestellt, so kann die Polizeibehörde die erforderlichen Verhandlungen darüber lediglich den Betheiligten b. h. dem Unternehmer und den Gemeindebehörden überlassen, demnächst aber, wenn die Einwilligung der zuständigen Behörde nachgewiesen ist, den Baukonsens ohne Rücksicht und ohne Bezugnahme auf die getroffenen Abreden ertheilen. Auf diese Weise wahrt sie nach allen Seiten die ihr gesetzlich zukommende Stellung; hiermit stimmt auch der Erlaß des Ministers des Innern und der öffentlichen Arbeiten vom 9. November 1887 (M. Bl. S. 274). Zugleich wird dadurch klargestellt, daß die Abmachungen zwischen dem Unternehmer und den Gemeindebehörden sich nicht auf öffentlich rechtlichem, sondern auf civilrechtlichem Gebiete bewegen. Bei einem Verlassen dieser Grundsätze entstehen Unsicherheiten; deshalb ist auch in denjenigen Städten, wo die Baupolizei in der Hand des Magistrats liegt, ein strenges Auseinanderhalten der Polizei- und der Kommunalverwaltung, wie es nach dem Aufbau der gegenwärtig geltenden Gesetzgebung überhaupt unvermeidlich ist, bei dem fr. Verfahren entschieden anzurathen. — Hat übrigens im gegebenen Falle die Polizeibehörde etwa dennoch einen Baukonsens unter Bedingungen ertheilt, so kommen die oben in der Bem. 3 zu §. 11 (am Schlusse) dargelegten Grundsätze hier gleichmäßig zur Anwendung.

Beschwerden über Handhabung des Ortsstatuts von Seiten der Gemeindebehörden gehören vor die Kommunal-Aufsichtsbehörden.

Zu den §§. 13 und 14.

Die Grundsätze, auf welchen die §§. 13 u. 14 beruhen, sind bereits in der Einleitung dargestellt: es bleibt hier nur noch Folgendes hinzuzufügen.

Zu §§. 13 u. 14.

1. Die Bestimmungen der beiden Paragraphen beziehen sich nur auf solche Entschädigungen, welche für eine in Gemäßheit des Gesetzes eintretende Entziehung oder Beschränkung des Grundeigenthums zu leisten sind. Soweit die im Eingange des §. 13 erwähnte Beschränkung aus dem Bauverbote des §. 12 in Betracht kommt, folgt dies ohne Weiteres aus der Vorschrift selbst; aber auch im Uebrigen muß an jenem Satze festgehalten werden; insbesondere sind unter den im §. 13 Absatz 1 gedachten „neuen Fluchtlinien" lediglich die auf Grund des Gesetzes und nicht auch die schon früher festgestellten Fluchtlinien zu verstehen. Diese bereits in der ersten Auflage vertretene, aus dem Grund= gedanken des Gesetzes und der Entstehungsgeschichte des §. 13 abgeleitete Auslegung ist seitdem wiederholt vom R. G. als zu= treffend anerkannt, so daß auf eine nähere Begründung verzichtet werden kann. Vgl. R. G. V. Cj. E. v. 14. Januar 1882 Bd. VI S. 295. J. M. Bl. S. 135. P. V. Bl., Jhrg. III S. 229; u. v. 9. Februar 1887. P. V. Bl., Jhrg. IX S. 342. Hiernach kommt §. 13 nicht zur Anwendung, wenn Veränderungen von Straßen in anderer Weise, als durch das Gesetz vorgesehen, z. B. durch Eisenbahngesellschaften — wenngleich mit Genehmigung der Gemeinde — vorgenommen werden. R. G. I. Hülfsf. E. v. 7. März 1882. P. V. Bl., Jhrg. III S. 332. Dagegen macht es keinen Unterschied, ob die Straße von der Gemeinde selbst oder nach §. 15 von einem Unternehmer bez. von den an= grenzenden Eigenthümern angelegt wird; denn auch in den letzteren Fällen handelt es sich um eine Straßenanlage in Ge= mäßheit des Gesetzes, welche nur, statt von der Gemeinde, von anderen gesetzlich dazu berufenen Personen ausgeführt wird; dies tritt namentlich dann hervor, wenn der Grunderwerb auf Schwierig= keiten stößt; das Enteignungsrecht steht nach §. 11 nur der Ge= meinde zu und kann daher auch für die Unternehmer oder die angrenzenden Eigenthümer nur durch die Gemeinde ausge= übt werden.

2. Die Komm. d. A. H. hat es für zweckmäßig erachtet, die beiden grundlegenden Begriffe des Enteignungsgesetzes — Beschränkung des Grundeigenthums und Entziehung desselben —

Zu §§. 13 u. 14.

im §. 13 auseinanderzuhalten. Hierdurch ist auf den ersten Blick eine gewisse Unklarheit darüber entstanden, wann eine Entschädigung für Beschränkung überhaupt zu leisten ist. Im Gegensatze zu der Eingangsbestimmung, wonach für eine aus dem §. 12 hervorgehende Beschränkung niemals Entschädigung gefordert werden kann, führt der erste Absatz des §. 13 im Weiteren drei Fälle auf, in denen „wegen Entziehung oder Beschränkung" ein Entschädigungsanspruch zugelassen wird. Danach sollte man annehmen, daß auch in allen drei Fällen unter Umständen eine Entschädigung wegen Beschränkung gewährt werden müßte; diese Anschauung ist denn auch in der E. d. R.G. V. Cf. v. 23. September 1882 (P.V.Bl., Jhrg. IV S. 67) vertreten. Ihr steht aber der Zusammenhang der beiden ersten Absätze des §. 13, wie er sich schon aus dem Gesetze selbst ergiebt und daneben in dem Kommissionsberichte noch näher dargelegt ist, durchaus entgegen. Im ersten Absatze sind die beiden Arten von Entschädigungen nur aus dem angegebenen Grunde neben einander erwähnt; die Bestimmung aber, wann die eine oder die andere in den drei Fällen zu leisten ist, findet sich im zweiten Absatze. Hier ist vorgeschrieben, daß Entschädigung für Entziehung in allen (drei) Fällen gewährt werden soll und daß außerdem unter gewissen Voraussetzungen im Falle der Nr. 2 Entschädigung für Beschränkung zu gewähren ist. Schon nach diesem Bau und Wortlaut des Gesetzes läßt sich nicht füglich bezweifeln, daß Entschädigung für Beschränkung nur in dem letztgedachten Falle beansprucht werden kann; es wäre gar nicht abzusehen, welche Bedeutung dem ganzen zweiten Absatze beiwohnen sollte, wenn nicht die, genauer festzustellen, wann einestheils für Entziehung, anderentheils für Beschränkung zu entschädigen ist. Vor Allem aber hätte es, wenn an sich nach Absatz 1 in allen drei Fällen Entschädigung für Beschränkung gefordert werden könnte, keinen Sinn, im Absatz 2 noch besonders zu bestimmen, daß in gewissen Fällen der Nr. 2 eine solche Entschädigung zu gewähren sei. Es muß daher als zweifellos bezeichnet werden, daß Entschädigung für Beschränkung des Grundeigenthums nur in Einem Falle zu leisten ist, nämlich für die Beschränkung des bebaut gewesenen

Zu §§. 13 u. 14.

Theils, wenn eine von der Straßenfluchtlinie verschiedene Baufluchtlinie vorhandene Gebäude trifft und das Grundstück bis zur Baufluchtlinie freigelegt wird.

3. Hiermit ist indeß die Frage nicht entschieden, ob ein Entschädigungsanspruch da besteht, wo eine nachgesuchte Bauerlaubniß vor endgültiger Festsetzung der Fluchtlinie, jedoch im Laufe des Festsetzungsverfahrens versagt wird (Bem. 4 zu §. 11); die Beantwortung hängt vielmehr davon ab, ob der §. 13 auch für solche Fälle eine Regelung enthält. Die Rechtsprechung hat hierin geschwankt. Während das R. G. zunächst, im Anschluß an die frühere Auffassung des O. Tr., einen Anspruch auf Entschädigung für die eingetretene Beschränkung der Baufreiheit unbedingt anerkannt und die Verfolgung desselben im Wege der gewöhnlichen Civilklage zugelassen hat (E. des V. Cs. v. 14. Januar 1882 Bd. VI S. 295. J. M. Bl. S. 135. P. V. Bl., Jhrg. III S. 229; v. 16. Mai 1885. P. V. Bl., Jhrg. VII S. 56; u. v. 29. Mai 1886. P. V. Bl., Jhrg. VII S. 352), ist neuerdings in der E. desselben Senats v. 11. April 1888 (Bd. XXI S. 212. P. V. Bl., Jhrg. IX S. 343) ein Unterschied gemacht, je nachdem der Fluchtlinienplan später zur wirklichen Festsetzung gelangt oder auf Grund der erhobenen Einwendungen beseitigt, bez. in der Art, daß er mit dem Bauprojekte nicht mehr im Widerspruch steht, abgeändert wird. In letzterem Falle ist ein mittelst Klage verfolgbarer Anspruch auf Schadloshaltung allerdings an sich für möglich erklärt; in ersterem Falle dagegen angenommen, daß §. 13 zutreffe, weil den Grund der Versagung des Baukonsenses die Festsetzung neuer Fluchtlinien bilde und diese sich nicht in Einem Akte, sondern in einer Reihe von Akten, nämlich in dem ganzen, durch das Gesetz geregelten Verfahren vollziehe. Demgemäß wird weiter ausgeführt, daß der Betheiligte seinen Entschädigungsanspruch, wenn ihm ein solcher zustehe, nicht unmittelbar im Rechtswege, sondern nur in den Formen des Enteignungsverfahrens geltend machen könne. — Ein Entschädigungsanspruch ist aber, wie in Bem. 2 angezeigt, nach §. 13 nur in einem selten vorkommenden Falle begründet; durch die neuen Grundsätze des R. G. wird also die Lage der Grundbesitzer

Zu §§. 13 u. 14.

wesentlich verschlechtert; aber auch davon abgesehen erscheint die jetzige Auslegung des R.G. nicht unbedenklich. Wenn der §. 13 eine „Beschränkung des von der Festsetzung neuer Fluchtlinien betroffenen Grundeigenthums" als gegeben voraussetzt, so kann damit nicht wohl eine andere, als eine im Gesetz selbst angeordnete Beschränkung gemeint sein. Angeordnet und festgestellt wird aber im §. 11 die Beschränkung der Baufreiheit erst von demjenigen Zeitpunkte an, mit welchem das Festsetzungsverfahren seinen Abschluß erreicht; erscheint auch schon vorher eine Beschränkung nicht ausgeschlossen, so ist dieselbe doch im Gesetze selbst weder ausdrücklich vorgeschrieben, noch in irgend einer Weise näher geregelt, so daß die Voraussetzungen, unter denen sie zulässig sein soll, und insbesondere der Zeitpunkt, in welchem sie eintritt, aus dem Gesetze nicht überall mit völliger Bestimmtheit zu entnehmen sind. Es wäre immerhin befremdlich, wenn der Gesetzgeber bei Formulirung des §. 13 an eine solche Beschränkung, über deren Vorhandensein im einzelnen Falle nach den verschiedensten Richtungen hin Zweifel und Unsicherheiten entstehen können, gedacht haben sollte; viel näher liegt die Annahme, daß die Einschaltung des Wortes: „endgültig" im §. 11 gerade auch den Zweck verfolgt, für die Handhabung des §. 13 die unentbehrliche feste Grundlage zu geben. Daß der Polizeibehörde die Befugniß zustehen muß, die Bebauung eines zu künftigem Straßenlande in Aussicht genommenen Grundstückes auch vor endgültiger Feststellung der Fluchtlinie zu verhindern, berechtigt an sich noch nicht zu dem Schlusse, der Gesetzgeber habe auch in einem derartigen Falle die Entschädigungspflicht ausschließen wollen; nach allgemeinen Grundsätzen würde sie hier bestehen; um die Gemeinde von ihr zu befreien, bedarf es also einer ausdrücklichen Vorschrift, und es erscheint recht zweifelhaft, ob diese in den Worten des §. 13 gefunden werden kann. Auch bliebe es ein mindestens ungewöhnlicher Rechtszustand, wenn die Beantwortung der Frage, ob eine polizeiliche Verfügung einen unberechtigten Eingriff in die Rechtssphäre des Betroffenen enthalte, grundsätzlich erst von einem in der Zukunft liegenden Ereignisse abhängig gemacht werden müßte. Bei der entgegengesetzten Ansicht wirkt dagegen der Ausfall des Festsetzungsverfahrens nur insofern ein, als in dem Falle, wenn nach der endgültig festgestellten Fluchtlinie der Bau in der That nicht ausgeführt werden darf, jeder Entschädigungsanspruch mit dem Zeitpunkte der endgültigen Festsetzung hinwegfällt.

4. Die Eingangsbestimmung des §. 13, wonach wegen der aus dem Bauverbote des §. 12 hervorgehenden Baubeschränkung keine Entschädigung gewährt wird, setzt voraus, daß die Versagung der Bauerlaubniß mit dem Gesetze in Einklang steht. Geht etwa das Ortsstatut über die ihm durch §. 12 gegebenen Schranken hinaus oder wird das darin enthaltene Bauverbot auf Fälle angewendet, welche nach dem Gesetze nicht darunter gebracht werden dürfen, so bleibt der Entschädigungsanspruch bestehen. Demgemäß ist auch die Erörterung der Frage, ob die betr. Straße zu den f. g. historischen gehöre, in Anlaß einer dahin gehenden, vom Bauunternehmer aufgestellten Behauptung in der E. des G. R. V. Cs. v. 21. Mai 1887 (P. V. Bl., Jhrg. VIII S. 415) für erforderlich erklärt.

5. Für Entziehung des Grundeigenthums muß Entschädigung geleistet werden, wenn die Gemeinde die Abtretung verlangt, wenn ein bebautes Grundstück bis zur Fluchtlinie von Gebäuden freigelegt wird und wenn die Bebauung eines unbebauten, an einer fertigen Straße gelegenen, von einer neuen Querstraße getroffenen Grundstückes in der Fluchtlinie dieser neuen Straße erfolgt.

In den beiden letzteren Fällen tritt also die Entschädigungspflicht ein, auch wenn die Gemeinde das Land noch nicht zur Straße ziehen will; die Gemeinde wird hier durch das Gesetz wider ihren Willen zur Enteignung verpflichtet; der Eigenthümer kann die Abnahme des Grundstücks fordern. R. G. II. Cs. E. v. 25. März 1881. P. V. Bl., Jhrg. III S. 204. Hier gestaltet sich das Verhältniß zwischen Gemeinde und Grundbesitzer eigenthümlich. Während das Enteignungsgesetz v. 11. Juni 1874, dessen Vorschriften über Feststellung der Entschädigung und Vollziehung der Enteignung nach §. 14 zur Anwendung kommen, die Einleitung des Verfahrens ausnahmslos von dem Antrage des Unternehmers abhängig macht, indem es voraussetzt, daß nur

Zu §§. 13 u. 14.

der Unternehmer ein rechtliches Interesse an Durchführung der Enteignung habe, beruht hier das Interesse an Feststellung der Entschädigung und Vollziehung der Enteignung zunächst bei dem betheiligten Grundbesitzer und liegt für den Unternehmer, die Gemeinde, an sich kein Grund vor, beides zu betreiben. Trotzdem muß die Gemeindebehörde als verpflichtet angesehen werden, das Verfahren zu beantragen; da der Grundbesitzer ein Recht auf Entschädigung hat und die Feststellung der letzteren, sofern nicht etwa die Parteien in Gemäßheit des §. 16 des Enteignungsgesetzes sich anderweit verständigen, nur auf dem in den §§. 24 ff. a. a. O. vorgesehenen Wege erfolgen kann, muß der Grundbesitzer auch beanspruchen können, daß die Gemeindebehörde den erforderlichen Antrag stelle. R.G. II. Hülfsf. E. v. 15. Januar 1880 Bd. I S. 171. P.V.Bl., Jhrg. I S. 247; V. Cf. E. v. 11. April 1888 Bd. XXI S. 212. P.V.Bl., Jhrg. IX S. 343.

Abgesehen von diesen beiden Fällen steht es im freien Belieben der Gemeinde, den Zeitpunkt zu wählen, wann sie von ihrem Enteignungsrechte Gebrauch machen will; der Eigenthümer kann seinerseits die Abnahme der in die Straße fallenden Fläche nicht verlangen; er ist auch nicht in der Lage, einen Druck auf die Gemeinde dadurch auszuüben, daß er die Absicht äußert, auf der Fläche zu bauen; die Erlaubniß dazu wird ihm nach §. 11 versagt, ohne daß ihm hieraus ein Anspruch auf Entschädigung erwächst. O.Tr. E. v. 10. Juli 1877 Bd. 80 S. 34; R.G. II Hülfsf. E. v. 8. Dezember 1879. P.V.Bl., Jhrg. I S. 239.

6. Die in Nr. 1 des §. 13 vorkommenden Worte: „auf Verlangen der Gemeinde", welche die eben entwickelte Ansicht völlig außer Zweifel stellen, haben nach P.V.Bl., Jhrg. III S. 358 in der E. des R.G. II Hülfsf. v. 24. April 1882 eine Auslegung gefunden, welcher jedenfalls nicht zugestimmt werden könnte; es soll ausgeführt sein, jener Ausdruck sei nicht wörtlich zu nehmen; ob das Verlangen direkt von der Gemeinde bez. ihren Vertretern oder von der Ortspolizeibehörde gestellt werde, sei um so weniger von Bedeutung, als der Ortspolizeibehörde im §. 1 ausdrücklich die Befugniß beigelegt werde, aus eigener Initiative die Festsetzung von Fluchtlinien zu verlangen, und es im Gesetze an jeder

Zu §§. 13 u. 14.

Andeutung fehle, daß, wenn die Ortspolizeibehörde von dieser Befugniß Gebrauch macht, die Entschädigungspflicht nicht der Gemeinde obliegen solle. Aus der Mittheilung im P. V. Bl. ist der Thatbestand des Falles nicht zu ersehen; ebensowenig erhellt, ob die Gründe richtig wiedergegeben sind; irgendwo scheint hier indeß ein Mißverständniß obzuwalten. Die Nr. 1 handelt von dem Falle, daß die Gemeinde eine Abtretung von Grundstücken zu Straßenzwecken verlangt; ein solches Verlangen kann im Rahmen des Gesetzes nur von der Gemeinde gestellt werden; denn nur ihr ist ein solches Recht gegeben (§. 11). Die Festsetzung der Fluchtlinien ist etwas davon völlig Verschiedenes; von welcher Behörde dazu der Anlaß gegeben ist, erscheint unerheblich. Will aber die Polizeibehörde nach geschehener Festsetzung die Ausführung der Straßenanlage erzwingen, so kann sie nur die Gemeinde hierzu anhalten, und die Gemeinde ist es dann wieder, welche die etwa erforderliche Enteignung herbeizuführen hat. Sollte dagegen etwa eine Ortspolizeibehörde die Abtretung von Land zu Straßenzwecken von dem Eigenthümer mittelst polizeilicher Verfügung fordern, so würden die hieraus entspringenden Entschädigungsansprüche zweifellos nicht unter den §. 13 fallen.

7. Der Ausdruck: „Gebäude" in Nr. 2 des §. 13 kehrt in den Gesetzen vielfach wieder, hat aber niemals eine genaue gesetzliche Begriffsbestimmung gefunden und wird auch je nach dem Gebiete, dessen Regelung in Frage steht, verschieden gedeutet werden können. Für den §. 13 fehlt es indeß an besonderen Momenten, um ihm entweder eine weitere oder seine engere Bedeutung beizulegen. Von den Grundsätzen, welche der Finanzminister für die Handhabung des Gebäudesteuer-Gesetzes vom 21. Mai 1861 aufgestellt hat (vgl. Gauß, Das Gebäudesteuer-Gesetz v. 21. Mai 1861 Nr. 79, 252—270), wird man wohl nicht Gebrauch machen können, da hier eigenthümliche Rücksichten in Betracht kommen. Eher läßt sich auf den Begriff zurückgehen, welcher bei Anwendung des den Abstand zwischen neu zuerrichtenden Gebäuden und älteren, schon vorhandenen Gebäuden des Nachbarn regelnden §. 189 Tit. 8 Th. I Allg. Landr. von den Gerichten zu Grunde gelegt ist. In der E. v. 12. März 1863 (Strieth.

Bd. 48 S. 240) hat das O. Tr. ausgesprochen, nach dem gewöhnlichen Sprachgebrauche werde unter „Gebäude" verstanden „ein durch Umfassungsmauern oder Wände umschlossener und gewöhnlich bedachter Raum über der Erde, der ein Behältniß darstellt zum Aufenthalt von Menschen oder Vieh oder zur Aufbewahrung unbeweglicher Gegenstände". Diese Definition mag, wie in dem Kommentar von Koch bemerkt ist, nicht erschöpfend sein (vgl. über die einschlagende Litteratur Förster, Preuß. Privatrecht IV. Aufl. Bd. III S. 176 Note 27); insbesondere läßt sich nicht leugnen, daß auch offene, also nicht durch Mauern oder Wände umschlossene Schuppen und ähnliche Bauwerke unter den Begriff fallen können; wenn aber das O. Tr. Zäune, Planken und Scheidewände ausgeschieden hat, so wird dem für das Gebiet des Gesetzes v. 2. Juli 1875 beizutreten sein (vgl. R. G. V. Cs. E. v. 11. April 1888 Bd. XXI S. 212. P. V. Bl. Jhrg. IX S. 343, wo einem Zaune die Eigenschaft eines Gebäudes im Sinne des §. 13 abgesprochen ist); auch eine ausgemauerte Fachwand, welche das O. Tr. — allerdings in der früher ergangenen E. v. 13. September 1859 (Strieth. Bd. 35 S. 48) — als Gebäude betrachtet hat, ist als solches gegenüber dem Gesetze v. 2. Juli 1875 nicht anzuerkennen.

8. In der eben erwähnten E. des R. G. V. Cs. v. 11. April 1888 ist mit ausführlicher Begründung dargelegt, daß die Gebäude nicht gerade zu der Zeit, wo die Fluchtlinien=Festsetzung erfolgt, vorhanden zu sein brauchen, daß vielmehr unter die „vorhandenen Gebäude" auch solche Gebäude fallen, welche kurz vor jenem Zeitpunkte durch ein Naturereigniß zerstört oder von dem Eigenthümer zum Zwecke des Neubaues niedergelegt sind. Nach den Umständen muß dabei beurtheilt werden, ob die Gebäude als vorhanden auch dann noch angesehen werden können, wenn nach der Zerstörung oder dem Abbruche eine längere Zeit verstrichen, inzwischen vielleicht der Platz in anderer Weise benutzt ist (vgl. Plenarbeschluß des O. Tr. v. 11. Mai 1846. E. Bd. 13 S. 27).

9. Eine nothwendige Voraussetzung für die Anwendung der Nr. 2 bildet übrigens, wie nicht blos der Wortlaut ergiebt, sondern auch in dem Berichte der Komm. d. A. H. bestimmt hervorgehoben wird, die wirkliche Freilegung des Grundstückes, d. h. der Abbruch

Zu §§. 13 u. 14.

der Gebäude; eine bloße Kundgebung der Absicht, die Fläche freizulegen, genügt nicht. R. G. II. Hülfsf. E. v. 21. Juni 1880. P. V. Bl., Jhrg. II S. 272; II. Cf. E. v. 25. März 1881 Bd. II S. 214. P. V. Bl., Jhrg. III S. 204.

10. Die Nr. 3 des §. 13 hat eine eigene kleine Litteratur hervorgerufen (vgl. Juristische Wochenschrift, Organ des Anwaltsvereins 1880 S. 161, 169; Gruchot Bd. 24 S. 832, Bd. 26 S. 676, Bd. 27 S. 645; Die Selbstverwaltung, Jhrg. IX S. 351 u. 365); von vornherein wird auch anzuerkennen sein, daß eine völlig befriedigende Auslegung nicht gewonnen werden kann; die Fassung des Gesetzes steht nicht ganz in Einklang mit der Absicht des Gesetzgebers, wie sie in dem Berichte der Komm. d. A. H. zum Ausdruck gelangt ist. Abgesehen davon bieten aber die Worte wesentliche Schwierigkeiten nicht; wenn man darauf verzichtet, dem Gesetze Gewalt anzuthun, ist der Sinn leicht festzustellen. Zunächst muß unter Bezugnahme auf Bem. 2 betont werden, daß die Nr. 3 von einer Entschädigung wegen Beschränkung der Baufreiheit überhaupt nicht handelt, sondern sich nur mit der Entschädigung wegen Entziehung des Grundeigenthums beschäftigt. Das kann allerdings im Hinblick auf die in dem Kommissionsberichte enthaltene Motivirung einigermaßen auffallend erscheinen; es muß daran indeß aus den entwickelten Gründen unbedingt festgehalten werden. Hiermit erledigt sich ein gewichtiger Theil der erhobenen Bedenken. Im Uebrigen kommt es, da der sonstige Inhalt ohne Weiteres klar ist, nur auf die Bedeutung der Schlußworte an: „und (wenn) die Bebauung in der Fluchtlinie erfolgt". Hiermit soll nach der unzweideutig ausgesprochenen Absicht der Komm. d. A. H. der Zeitpunkt festgestellt sein, in welchem der Eigenthümer berechtigt ist, Entschädigung zu fordern, d. h. seinerseits die Abnahme der von der Straßenanlage getroffenen Fläche zu beanspruchen. Bei unbefangener Betrachtung kann nun in jenen Worten etwas Anderes nicht gefunden werden, als dies: Entschädigung ist zu leisten, wenn der Eigenthümer auf dem ihm verbliebenen Restgrundstücke unter Innehaltung der neuen Fluchtlinie baut. Das giebt auch einen verständigen Sinn für alle diejenigen Fälle, wo ein bebauungs-

Zu §§. 13 u. 14.

fähiges Restgrundstück übrig bleibt. Dagegen entstehen nicht wegzuleugnende Unzuträglichkeiten, wenn entweder die ganze Fläche in die künftige Straße fällt oder doch das Restgrundstück eine Bebauung nicht mehr gestattet. Nach dem Gedankengange, wie er für die Komm. maßgebend gewesen ist, dürfte auch hier nicht verlangt werden, „daß der Eigenthümer ohne Entschädigung abwartet, bis die Gemeinde ihr Projekt verwirklicht und ihm dann den Preis für die abzutretende Fläche zahlt". Dieser Umstand hat die verschiedenartigsten Auslegungsversuche zur Herbeiführung einer Uebereinstimmung zwischen dem Texte und der Begründung des Gesetzes veranlaßt. Man hat die Ansicht aufgestellt, die Bebauung in der Fluchtlinie der neuen Straße werde nicht gerade Seitens des betr. Eigenthümers erfordert, es genüge, wenn sie nur überhaupt, etwa Seitens dritter Anlieger erfolge; das muß indeß als unhaltbar bezeichnet werden; denn die fr. Worte sind ausgesprochenermaßen hinzugefügt, um klarzustellen, daß es nicht ausreiche, wenn der Eigenthümer sage, er wolle bauen, daß er dies vielmehr durch die That beweisen müsse; daher kann nur an den betr. Eigenthümer gedacht sein, wie es denn auch sonst unverständlich sein würde, wenn die Fälligkeit des Entschädigungsanspruches an zufällige Handlungen Dritter geknüpft wäre. — Weiter ist die Meinung vertreten und auch in einem Falle vom K.G. II. Hülfsf. E. v. 18. Dezember 1879 (P.V.Bl., Jhrg. III S. 239) zur Geltung gebracht, der Eigenthümer müsse bereits zur Zeit der Offenlegung des Planes mit der Bebauung der Fläche begonnen haben; auch dies läßt sich als zutreffend nicht anerkennen; „die Bebauung in der Fluchtlinie der neuen Straße" muß nothwendig eine Bebauung sein, welche diese Fluchtlinie innehält, eine Bebauung des zukünftigen Straßenlandes kann damit nicht gemeint sein, das verstieße zweifellos gegen den Sprachgebrauch; die Komm. d. A.H. hat außerdem bei der Nr. 3 gerade an unbebaute Grundstücke gedacht, und zu diesen kann ein Grundstück, auf welchem ein Bau bei Offenlegung des Planes schon begonnen war, nicht wohl gerechnet werden; endlich würde damit ein Erforderniß aufgestellt, welches allen Eigenthümern, die erst nach der Festsetzung der Fluchtlinie auf dem Restgrundstücke bauen, den Entschädigungsanspruch trotz der klaren Vorschrift des Gesetzes einstweilen vorenthielte, also der Regel nach für die Eigenthümer außerordentlich ungünstig wirken und deren Interessen nur für einen selten vorkommenden Ausnahmefall schützen würde. — In Gruchot Bd. 24 wird sodann unter Verwerfung der bisher besprochenen Absichten angenommen, der vorausgesetzte Fall, wo ein bebauungsfähiges Restgrundstück nicht mehr übrig bleibe, sei in dem Gesetze überhaupt nicht entschieden; das letztere sei nach der Absicht des Gesetzgebers ergänzend auszulegen und demnach die Fälligkeit mit der Offenlegung des Planes für eingetreten zu erachten. Diese Anschauung scheitert schon daran, daß nach dem bestimmten Wortlaute des Gesetzes Entschädigung nur in den drei aufgeführten Fällen und unter den daselbst normirten Bedingungen gewährt wird, daß also nicht andere Fälle oder andere Bedingungen nebenher konstruirt werden können; eine Anwendung des Gesetzes aber, welche die im Texte stehenden Worte: „und die Bebauung in der Fluchtlinie der neuen Straße erfolgt" einfach streicht und an deren Stelle etwas vollständig Anderes setzt, bewegt sich nicht mehr in dem Rahmen der Auslegung, sondern schafft ein neues Gesetz; übrigens stimmt auch dasjenige, was an die Stelle gesetzt wird, keineswegs mit den Motiven der Komm.; danach soll eben die bloße Festsetzung der Fluchtlinie an sich nicht genügen, vielmehr noch eine That des Eigenthümers hinzukommen; hiernach braucht auf die Schwierigkeiten, in welche man außerdem bei einer derartigen Umgestaltung des Gesetzes gerathen würde und welche am Schlusse des Aufsatzes selbst angedeutet sind, nicht erst eingegangen zu werden. — Nach Abweisung aller dieser Meinungen ist in Gruchot Bd. 26 ausgeführt, die fr. Worte beruhten auf einem offenbaren Redaktionsversehen; daher sei zu ermitteln, was der Gesetzgeber habe sagen wollen, und demgemäß müsse dann der Text berichtigt werden. Hierbei wird indeß zunächst von einer Reihe unzutreffender Voraussetzungen ausgegangen: es ist damit gerechnet, daß wesentlich eine Entschädigung für Beschränkung der Baufreiheit in Frage komme; unter „Straßenfluchtlinie" wird — was geradezu unannehmbar erscheint — das zwischen

Zu §§. 13 u. 14.

beiden Baufluchtlinien belegene Areal verstanden; der §. 11 soll den Kommunen (!) das Recht geben, nach ihrem Ermessen die Bauerlaubniß zu ertheilen oder zu versagen ꝛc. Als Ergebniß ist sodann hingestellt, der Entschädigungsanspruch trete erst mit der Versagung des Konsenses zur Bebauung des künftigen Straßenlandes ein, sei aber dann vom Richter zurückzuweisen, wenn dieser aus den besonderen Umständen des konkreten Falles die Ueberzeugung gewinne, daß der Konsens nachsuchende Eigenthümer auch dann nicht bauen würde, wenn ihm der Konsens ertheilt würde. Dies Resultat allein reicht aus, um die Unhaltbarkeit der ganzen Anschauung darzulegen; man braucht nur den Versuch zu machen, wie etwa die Meinung des Verfassers in bestimmte Gesetzesworte, welche an die Stelle der im Gesetze befindlichen zu treten hätten, gekleidet werden könnte; es springt dann sofort in die Augen, daß derartige Berichtigungen des Gesetzestextes unter allen Umständen unstatthaft sind. In Gruchot Bd. 27 S. 655 wird freilich ausgeführt, es genüge die unbedeutende Aenderung: „und die Bebauung in der Fluchtfläche der neuen Straße erfolgen soll"; allein diese Formulirung giebt einestheils die Voraussetzungen des Verfassers keineswegs vollständig wieder und ersetzt anderentheils das Wort: „Fluchtlinie", welches einen feststehenden Sinn hat, durch den ungewöhnlichen, kaum verständlichen Ausdruck: „Fluchtfläche". Abgesehen davon ist die ganze Grundlage, daß der Gesetzgeber an eine gesetzlich verbotene Bebauung des zukünftigen Straßenlandes gedacht haben könnte, von vornherein als unstatthaft abzuweisen. — Einen ebensowenig gangbaren Weg hat das R. G. V. Cs. in der E. v. 23. September 1882 (Bd. VII S. 273) eingeschlagen; hier wird in dem Absatze 3 des §. 13 eine Modifikation der unter Nr. 3 getroffenen Bestimmung gefunden; die Vorschrift, daß die Uebernahme des ganzen Grundstücks gefordert werden kann, wenn dasselbe ganz oder bis auf einen nicht mehr bebaubaren Theil durch die Fluchtlinie in Anspruch genommen wird, soll den Eigenthümer im Falle der Nr. 3 berechtigen, die Abnahme des Grundstückes auch ohne eine Bebauung zu verlangen. Damit wird indeß dem Absatze 3 eine Bedeutung beigelegt, welche er nach dem Baue des Gesetzes sowie nach dem Kommissionsberichte nicht haben kann. Die beiden letzten Absätze des §. 13 sind von der Komm. lediglich zu dem Zwecke eingeschaltet, um die Vorschriften im §. 9 des Enteignungsgesetzes auf die hier vorliegenden Fälle anzuwenden; mit der Frage, wann die Entschädigungspflicht der Gemeinde eintritt, haben sie nicht den mindesten Zusammenhang: sie bestimmen nur, wofür Entschädigung zu leisten ist; folglich kann dadurch die in den Schlußworten der Nr. 3 enthaltene Anordnung über den Zeitpunkt, in welchem das Grundstück abgenommen werden muß, nicht berührt oder gar abgeändert sein. Dies bedarf kaum eines weiteren Beweises; doch mag noch hinzugefügt werden, daß der Absatz 3, wenn er überhaupt von dem Eintritte der Entschädigungspflicht handelte, nothwendig auf alle drei Nummern des Absatzes 1 bezogen werden müßte; denn ein Unterschied zwischen den drei Fällen wird nicht gemacht; der Absatz beginnt vielmehr mit den Worten: „In allen obengedachten Fällen". Nun liegt es aber auf der Hand, daß eine derartige Anwendung des Absatzes 3 auf die Nr. 1 u. 2 völlig unthunlich erscheint. — Endlich ist noch die Ansicht von Dernburg (Lehrbuch des Preuß. Privatrechts IV. Aufl. Bd. I § 218 Note 11) zu erwähnen; er nimmt an, in dem vorausgesetzten Falle mache die Gemeinde es dem Eigenthümer unmöglich, die vom Gesetz geforderte Bethätigung seines Bauwillens an den Tag zu legen; deshalb müsse sie Entschädigung leisten, sofern nur die beiden anderen Bedingungen der Nr. 3 zutreffen. Im Ergebnisse fällt diese Auffassung mit der in Gruchot Bd. 24 vertretenen Meinung zusammen; sie unterscheidet sich nur in der rechtlichen Begründung; ihr steht daher vor Allem ebenfalls entgegen, daß eine im Gesetz ausdrücklich aufgestellte Voraussetzung einfach gestrichen wird; hierzu kann eine Berechtigung aus dem Umstande, daß die Art und Weise der Fluchtlinienfestsetzung eine Erfüllung der gesetzlichen Bedingung unthunlich macht, nicht abgeleitet werden; denn zu der betr. Fluchtlinienfestsetzung ist die Gemeinde vom Gesetze ermächtigt, und sie erfolgt auch nicht etwa zu dem Zwecke, um dem Eigenthümer die ihm zustehenden Rechte zu schmälern, sondern aus dem Grunde, weil ein öffentliches Bedürfniß obwaltet.

Zu §§. 13 u. 14.

Hiernach bleibt nichts Anderes übrig, als anzuerkennen, daß für diejenigen Fälle, wo der Eigenthümer ein bebauungsfähiges Grundstück nicht mehr behält, der Gesetzgeber seinem leitenden Gedanken nicht gerecht geworden ist; an sich müßte hier dem Eigenthümer ein Entschädigungsanspruch auch vor dem Zeitpunkte, in welchem von der Gemeinde die Abtretung der Grundfläche verlangt wird, gewährt sein; das ist indeß nach dem Wortlaute des Gesetzes nicht geschehen; der Eigenthümer kann die Bedingungen der Nr. 3 nicht erfüllen und muß deshalb gemäß Nr. 1 warten, bis die Gemeinde ihrerseits enteignet. Dabei darf man sich aber nicht verhehlen, daß es nach den Anschauungen der Komm. einigermaßen schwierig gewesen wäre, einen anderen Zeitpunkt zu fixiren. Das Erforderniß, der Eigenthümer solle durch die That beweisen, daß er bauen wolle, paßte für diese Fälle überhaupt nicht; es hätte also eine völlig andere Bedingung formulirt werden müssen; aber welche sollte das sein? Die bloße Festsetzung der Fluchtlinie für genügend zu erklären, würde eine wesentliche Abweichung von der sonst festgehaltenen Regel, daß hierdurch allein ein Entschädigungsanspruch noch nicht begründet werde, in sich geschlossen haben. Nun möchte diese Abweichung hier vollauf gerechtfertigt gewesen sein; es wäre dann aber nothwendig gewesen, auch klar zum Ausdrucke zu bringen, daß der in Nr. 3 behandelte besondere Ausnahmefall wiederum ganz verschiedenen Grundsätzen unterliege, je nachdem eine Bebauung des Restgrundstückes noch möglich bleibe oder nicht. Die Spezialvorschriften der Nr. 3 hätten also noch einen weiteren Ausbau in einer mit den übrigen Bestimmungen nicht harmonirenden Richtung erfahren müssen. Ob die Komm. davor zurückgescheut oder ob sie etwa die Tragweite ihrer Fassung nicht vollständig übersehen hat, wird nicht mehr festzustellen sein, ist aber auch für die Auslegung des Gesetzes ohne Werth.

11. Die Entschädigung erfolgt nach Maßgabe des Enteignungsgesetzes, soweit nicht dessen Vorschriften durch entgegenstehende Bestimmungen unseres Gesetzes (§. 19) beseitigt sind. Denn §. 14 verweist auf die §§. 24 ff. jenes Gesetzes, und das daselbst vorgeschriebene Verfahren kann nur auf den im Tit. II gegebenen Grundlagen zu Ende geführt werden; der §. 25 nimmt

Zu §§. 13 u. 14.

denn auch ausdrücklich auf §. 9 und ebenso der §. 29 auf die §§. 7—13 Bezug. Außerdem erhellt jene Absicht des Gesetzgebers deutlich aus der Entstehungsgeschichte unseres Gesetzes und müßte schon deshalb vorausgesetzt werden, weil sonst das Gesetz eine wesentliche, anderweit nicht auszufüllende Lücke aufwiese. Fraglich kann aber erscheinen, in welchem Verhältnisse Absatz 3 des §. 13 zu dem §. 9 des Enteignungsgesetzes steht. Nach dem Kommissionsberichte sollen die beiden letzten Absätze des §. 13, welche sich in dem Regierungsentwurfe nicht fanden, lediglich eine Anwendung der betreffenden Vorschriften im §. 9 des Enteignungsgesetzes auf die hier vorliegenden Fälle enthalten. Dies lautet, als ob §. 9 durch die von der Komm. eingefügten Bestimmungen vollständig habe ersetzt werden sollen. Das Reichsgericht geht indeß von einer anderen Anschauung aus; wenigstens wird in der E. II. Hülfsf. v. 24. Juni 1880 (Bd. II S. 279; J. M. Bl. 1881 S. 70) angenommen, die Bestimmungen im §. 9 Absatz 3, wonach bei Enteignung von Gebäudetheilen stets das gesammte Gebäude — mit der Grundfläche — dem Eigenthümer abgenommen werden muß, sei durch §. 13 Absatz 3 des Gesetzes von 1875 nicht berührt, da die Worte: „daß das Restgrundstück nach den baupolizeilichen Vorschriften des Orts nicht mehr zur Bebauung geeignet ist" sich nur auf unbebaute Grundstücke beziehen ließen. Dem ist um so mehr beizupflichten, als nicht füglich angenommen werden kann, daß der den Gebäuden im Enteignungsgesetze gewährte, auf ihrer Untheilbarkeit beruhende, unbedingte Schutz ohne ersichtlichen Grund und ohne jede Andeutung einer solchen Absicht in den Motiven des Kommissionsberichtes habe beseitigt werden sollen. Wenn daneben in der angezogenen Entscheidung unentschieden gelassen ist, ob bei Inanspruchnahme eines Theils von Grundstücken die Voraussetzung im §. 13 Absatz 3 die einzige bilden solle oder ob sie der im §. 9 des Enteignungsgesetzes aufgestellten als eine fernere Voraussetzung hinzugefügt sei, so wird man sich wohl für ersteres entscheiden müssen; der Wortlaut läßt eine andere Annahme nicht zu; das Gesetz schreibt vor, unter gewissen Bedingungen könne der Eigenthümer die Uebernahme des ganzen Grundstückes ver=

Zu §§. 13—15.

langen; damit ist ohne Weiteres ausgeschlossen, noch anderweite Bedingungen zu erfordern.

Was im Uebrigen die zur Anwendung kommenden Grundsätze des Enteignungsgesetzes anlangt, so kann darauf hier nicht näher eingegangen werden. Nur mag in Betreff der Frage, ob die abzutretende Fläche als Bauplatz anzusehen und abzuschätzen ist, auf die E. des R.G. I. Cs. v. 18. August 1882 (Bd. VIII S. 237), V. Cs. v. 22. September u. 27. November 1886 (P.B.Bl., Jhrg. VIII S. 122 u. 238) hingewiesen werden. Danach ist ein Grundstück, welches vor Festsetzung der Fluchtlinie bereits die Eigenschaft eines Bauplatzes besaß, auch bei einer erst später erfolgenden Enteignung als Bauterrain zu entschädigen, wenngleich es in Folge jener Fluchtlinienfestsetzung die Bauplatzeigenschaft schon geraume Zeit hindurch verloren hat. Umgekehrt darf ein Grundstück, welches erst durch die Fluchtlinienfestsetzung Bauterrain geworden ist, d. h. von welchem nicht erhellt, daß es vorher Bauplatzeigenschaft gehabt hat oder doch solche auch ohne die Fluchtlinienfestsetzung erhalten haben würde, zwar unter Berücksichtigung der Werthssteigerung, welche etwa in Anlaß der durch die Fluchtlinienfestsetzung herbeigeführten fortschreitenden Bebauung für alle Grundstücke in der betr. Gegend eingetreten ist, aber nicht als Bauterrain eingeschätzt werden.

Hervorzuheben bleibt endlich, daß die Eigenthümer keine Entschädigung für die ihnen etwa nach §. 15 erwachsende Beitragspflicht verlangen können. Dieser aus der Natur der Sache nothwendig folgende Satz hat in der E. des R.G. V. Cs. v. 12. November 1887 (P. B. Bl., Jhrg. IX S. 158) eine eingehende Begründung gefunden. Vgl. auch Bem. 8a zu § 15.

Zu §. 15.

1. Die wichtige Erleichterung, welche der §. 15 den Gemeinden bei Anlegung neuer Straßen gewährt, setzt den Erlaß eines Ortsstatutes voraus. Dasselbe muß ebenso wie ein auf Grund des §. 12 erlassenes Ortsstatut in ordnungsmäßiger Weise zu Stande gekommen sein (vgl. Bem. 2 zu §. 12) und sich innerhalb des Rahmens der im §. 15 gegebenen Vorschriften halten, kann anderer-

seits aber auch in den Anforderungen an die Pflichtigen hinter dem Maße des Gesetzes zurückbleiben. O. V. G. E. Bd. XIII S. 172.

Nach der Absicht der Komm. d. A. H. sollten in dem Statute die unbestimmten Ausdrücke: „Verlängerung einer bestehenden Straße", „Straßentheil" und „Unternehmer" den Verhältnissen des Orts angemessen präzisirt werden. Als ein Beispiel findet sich das vom Minister des Innern bestätigte Statut II für Berlin unter den Anlagen abgedruckt. Mit seinem Erlaß ist der Schlußsatz des §. 15 außer Kraft getreten.

2. Der §. 15 unterscheidet drei Fälle, in welchen eine Verpflichtung der Unternehmer oder angrenzenden Eigenthümer eintreten kann:

a. die Anlegung einer neuen Straße,
b. die Verlängerung einer schon bestehenden Straße,
c. den Anbau an schon vorhandenen, bisher unbebauten Straßen und Straßentheilen.

Die Nebeneinanderstellung der ersten beiden Fälle findet sich schon in dem Berliner Regulative v. 31. Dezember 1838; es mögen dadurch auch Zweifel abgeschnitten werden, die sonst vielleicht entstanden wären; an sich weisen aber die beiden Fälle weder in rechtlicher noch in thatsächlicher Beziehung Verschiedenheiten auf. Bei Verlängerung einer schon bestehenden Straße wird ebenfalls auf einer Fläche, wo bisher eine Straße noch nicht bestand, eine solche neu angelegt. Die Gleichartigkeit zeigt sich denn auch darin, daß für beide Fälle gemeinsam ein weiteres Erforderniß aufgestellt ist: die Straße muß zur Bebauung bestimmt sein. Dieser Zusatz erscheint entbehrlich; gegenüber dem Unternehmer hat er deshalb keine rechte Bedeutung, weil der Unternehmer alle Straßen, die er bauen will, auf seine Kosten herstellen muß; gegenüber den Anliegern bedurfte es des Zusatzes nicht, da ihre Verpflichtung nur bei der Errichtung von Gebäuden an der Straße eintritt, diese Handlung aber ohne Weiteres eine Bestimmung der Straße zur Bebauung voraussetzt.

Der dritte Fall hat einen etwas abweichenden Charakter; in dem Regulative v. 31. Dezember 1838 war er nicht vorgesehen, ebensowenig in dem von der Staatsregierung dem Landtage im

Zu §. 15.

Jahre 1865 vorgelegten Entwurfe zu einer Wegeordnung für den Preußischen Staat (§. 87) und in dem kraft Allerhöchster Ermächtigung v. 6. Februar 1866 eingebrachten Entwurfe eines Gesetzes, betr. die Bauten in Städten und Dörfern (§. 1). In der Komm. d. H. H. kam aber zur Sprache, daß die Fassung zu Zweifeln Veranlassung gebe; nach der wörtlichen Auslegung müsse man annehmen, daß nur diejenigen Straßen gemeint seien, welche erst nach dem Inkrafttreten des Gesetzes angelegt würden; es seien indeß zur Zeit viele neu angelegte, zur Bebauung bestimmte und noch nicht bebaute Straßen vorhanden, und nicht ersindlich, weshalb auf diese das Gesetz keine Anwendung leiden solle. Demgemäß wurde der Vorlage ein Zusatz beigefügt, wonach die voraufgehenden Vorschriften auch auf schon vorhandene, noch unbebaute Straßen angewendet werden sollten, sobald die Straßen zur Bebauung kommen. Hieraus ist die Fassung des §. 15 entstanden; sie findet sich schon im §. 1 des Gesetzentwurfes, betr. die Bauten in Städten und Dörfern, welcher dem Landtage unterm 17. November 1866 vorgelegt wurde, und hat später irgend welche Erörterungen nicht hervorgerufen. — Der dritte Fall handelt also auch von neuen Straßen, indeß nicht — wie jene ersten beiden Fälle — von neu anzulegenden, sondern von neu angelegten. Auf die Beschaffenheit des Straßenkörpers kommt es im Uebrigen nicht an; der Ausdruck: „schon vorhandene Straßen" trifft sowohl die erst theilweise fertiggestellten, wie die bereits völlig ausgebauten Straßen. Bei beiden Arten kann die Erstattung der von der Gemeinde vor Erlaß des Gesetzes aufgewendeten Kosten, bei der ersteren außerdem die Fertigstellung der Straße oder der Ersatz der dazu erforderlichen Aufwendungen beansprucht werden. Jenes erscheint gewissermaßen als eine Abweichung von allgemeinen Grundsätzen, da die Ausgaben zu einer Zeit, als die Verpflichtung der Anlieger noch nicht bestand, gemacht sind, bei den Gemeindebehörden also auch die Absicht, Erstattung zu fordern, nicht obgewaltet haben konnte und somit dem Gesetze rückwirkende Kraft beigelegt wird. Nach der Entstehungsgeschichte hat aber der Gesetzgeber gerade dies Ziel im Auge gehabt, und auch der Wortlaut läßt eine andere Annahme nicht zu; insbesondere erscheint eine

Auslegung, wonach nur die künftig noch aufzuwendenden und nicht auch die bereits verausgabten Beträge zu erstatten wären, um deswillen ausgeschlossen, weil die Verpflichtung der Anlieger hier genau dieselbe ist, wie bei Anlegung einer neuen Straße, d. h. den Ersatz der zu der gesammten Straßenanlage (Freilegung, ersten Einrichtung, Entwässerung und Beleuchtungsvorrichtung) erforderlichen Kosten umfaßt. — Aus Vorstehendem ergiebt sich, daß die Ausführungen in der E. des O.V.G. Bd. III S. 304, wonach die in den §§. 12 u. 15 behandelten Fälle im Wesentlichen dieselben sind und beide Paragraphen nur auf neue, noch nicht fertig gestellte oder polizeiwidrig angelegte Straßen bezogen werden dürfen, hinsichtlich des §. 15 insoweit, als der Anbau an schon vorhandenen Straßen in Frage kommt, eine Einschränkung erleiden; diese Straßen können vollständig ausgebaut sein; ihr Charakter als neue Straßen besteht nur darin, daß sie noch nicht bebaut sein dürfen. Mit diesem Erfordernisse wird der Eigenthümlichkeit des dritten Falles Rechnung getragen und zugleich eine Verschiebung des Grundgedankens, wie sie in der Hereinziehung alter, längst bestehender Straßen liegen würde, der Regel nach abgewehrt, da es nur selten vorkommen wird, daß neu angelegte Straßen längere Zeit hindurch unbebaut bleiben. Eben deshalb ist die Bedingung aber auch strenge zu nehmen. Muß die Straße „unbebaut" sein, so trifft das schon dem Wortsinne nach nicht mehr zu, sobald an der Straße nur Ein Gebäude steht. Wie ein Grundstück nicht mehr unbebaut ist, falls sich auf demselben ein Gebäude befindet, mag auch das Grundstück von erheblicher Ausdehnung und das Gebäude nur klein sein, so läßt sich gleicherweise eine Straße nicht mehr als unbebaut bezeichnen, falls sie auch nur mit Einem Gebäude besetzt ist. Wollte man hiervon abgehen, so würde jede Möglichkeit fehlen, eine anderweite Grenzlinie zu ziehen; daneben geriethe die ganze Grundlage der Vorschrift, daß nur neu angelegte, nicht s. g. historische Straßen in Betracht kommen, ins Schwanken und die Gemeinden wären in die Lage versetzt, die Kosten von Straßenanlagen, welche vor Jahrzehnten oder noch früher ausgeführt sind, wieder einzuziehen. Wie bedenklich ein solcher Rechtszustand erscheinen müßte und

Zu §. 15.

wie wenig er zu den sonstigen Bestimmungen des Gesetzes passen
würde, leuchtet ohne Weiteres ein. — Auf der anderen Seite
trifft das Gesetz Fürsorge, daß durch die beigefügte Bedingung
nicht die ganze Vorschrift von vornherein mehr oder weniger
unwirksam gemacht wird; es läßt hier die Unterscheidung zwischen
einzelnen Straßentheilen ausdrücklich zu und weist damit die
Gemeinden selbst auf den Weg, wie bei neu angelegten Straßen
von großer Länge für die noch unbebauten Strecken die Erstattung
der Kosten gesichert werden kann. Deshalb wird es aber auch,
wenn nicht geboten, doch wenigstens entschieden zweckmäßig sein,
im Ortsstatute näher festzusetzen, was als Straßentheil angesehen
werden soll; denn an sich stößt man hierbei auf Schwierigkeiten
(vgl. Bem. 6 zu §. 12). Fehlt es an einer Regelung im Statute
— auch das Berliner Statut (§. 14) enthält eine solche nicht —
so ist man wieder auf den Zweck des Gesetzes und die Natur der
Sache angewiesen; hiernach wird ein besonderer Straßentheil
regelmäßig nur da anzuerkennen sein, wo die Straße durch Quer=
straßen, Brücken oder anderweite Anlagen thatsächlich in ver=
schiedene Abschnitte zerfällt. Willkürlich einzelne Stücke aus der
Straße herauszuschneiden und etwa die Lücken in der Häuserreihe
— die unbebauten Stellen — als eigene Straßentheile zu be=
handeln, verbietet sich jedenfalls. R. G. V. Cs. E. v. 5. Mai 1886.
P. V. Bl., Jhrg. VIII S. 180. — Die Frage, ob die Straße
schon vorhanden, aber unbebaut war, entscheidet sich nach dem
Zustande bei Erlaß des Ortsstatuts. Ein Anbau an anderen
Wegestrecken, als Straßen, insbesondere an bloßen Feld= oder
Kommunikationswegen begründet keine Verpflichtung. O. V. G.
E. Bd. XV S. 149. — Daß dieser dritte Fall für den Unter=
nehmer einer neuen Straßenanlage von vornherein ausscheidet
und daß ferner die Heranziehung der Anlieger ganz in derselben
Weise, wie bei Anlegung einer neuen Straße, in Gemäßheit des
Absatzes 2 zu erfolgen hat, bedarf kaum der Bemerkung. Der
§. 14 des Berliner Statutes erscheint nach Inhalt und Fassung
wenig empfehlenswerth; eine Vergleichung mit vorstehenden Be=
merkungen dürfte das ohne Weiteres ergeben.

3. Da sich der §. 15 in den beiden ersten Fällen — der An=

legung einer neuen Straße und der Verlängerung einer bestehenden Straße — ebenso wie der §. 12 nur mit neu anzulegenden Straßen beschäftigt, so passen hier auch uneingeschränkt alle Ausführungen, welche in der Bem. 4b zu §. 12 gegeben sind; historische Straßen scheiden demgemäß für die Anwendung des §. 15 ebenfalls aus. Nur in Beziehung auf den dritten Fall — das Anbauen an bereits vorhandenen, bisher unbebauten Straßen — erleiden die aufgestellten Grundsätze eine Modifikation: denn völlig ausgebaute Straßen fallen an sich, auch wenn sie noch nicht mit Gebäuden besetzt sind, unter den Begriff historischer Straßen. R. G. V. Cs. E. v. 10. Oktober 1888. P. V. Bl., Jhrg. X S. 97. — Einer mehrfach hervorgetretenen, abweichenden Auffassung gegenüber muß noch darauf hingewiesen werden, daß die Regulirung einer bereits bestehenden, aber noch nicht den baupolizeilichen Bestimmungen entsprechenden Straße keineswegs ohne Weiteres der Anlegung einer neuen Straße gleichgestellt werden kann. Ist die Straße in der Anlegung begriffen, d. h. haben die Gemeindebehörden die Herstellung einer neuen Straße beschlossen, aber noch nicht ordnungsmäßig bewirkt, so gehört sie allerdings nicht zu den historischen Straßen. Trägt sie dagegen diesen Charakter an sich, so kommt es darauf nicht an, ob sie noch einer weiteren Regulirung bedarf; auch in diesem Falle bietet §. 15 keine Handhabe zur Heranziehung der Anlieger; denn da, wo eine Straße — im Gegensatz zu einem bloßen Feldwege, einer Chaussee, einer Landstraße oder dgl. — bereits vorhanden ist, kann nicht erst eine neue Straße angelegt werden. O. V. G. E. Bd. XV S. 149; v. 15. Mai 1888. II. 531. P. V. Bl., Jhrg. X S. 21.

4. Das Gesetz gestattet eine Heranziehung zweier durchaus verschiedener Klassen von Pflichtigen: des Unternehmers der neuen Anlage und der angrenzenden Eigenthümer. Die gemeinsame Behandlung beider ist aus dem Berliner Regulative v. 31. Dezember 1838 herübergenommen, wo sich die Nebeneinanderstellung mit ganz denselben Worten findet. Zweckmäßiger dürfte es indeß gewesen sein, hier eine Unterscheidung eintreten zu lassen; denn an sich können die Unternehmer und die Anlieger nicht auf eine Linie gestellt werden; ihre Zusammenfassung bringt

Zu §. 15.

deshalb auch Unebenheiten und Unklarheiten ins Gesetz. — Die Eigenthümer der angrenzenden Grundstücke sind als solche nicht beitragspflichtig; um sie heranziehen zu können, bedarf es immer erst des Erlasses einer entsprechenden Rechtsnorm. Die Verwaltung hatte nun früher an dem Grundsatze festgehalten, daß die Belastung einzelner Klassen der Gemeindeangehörigen mit Präzipualleistungen für Gemeindezwecke nur insofern zulässig sei, als die Gesetze, insbesondere die Gemeindegesetze ausdrücklich eine solche Ausnahme gestatteten. Der Grundsatz erscheint allerdings anfechtbar (O. V. G. E. Bd. XVI S. 51 ff.) und ist neuerdings auch von dem Minister des Innern aufgegeben (Erlaß v. 5. November 1888. M. Bl. S. 213); ihm gegenüber mochte es sich aber — zumal bei der Erheblichkeit der in Frage stehenden Lasten — immerhin empfehlen, den Gemeinden das Recht zur Heranziehung der Anlieger durch eine gesetzliche Bestimmung ausdrücklich zu verleihen. Völlig anders steht dagegen die Sache in Beziehung auf den Unternehmer; dieser muß eine Straße, die er anlegen will, unter allen Umständen herstellen; es erscheint daher einigermaßen befremdlich, wenn der Gemeinde noch besonders die Befugniß beigelegt wird, von ihm den Ausbau der Straße zu verlangen. Die Badensche und Württembergsche Gesetzgebung ordnen denn auch das Verhältniß der Gemeinde zu den Anliegern und zu den Unternehmern durchaus verschieden; in Beziehung auf die letzteren wird eine Pflicht, die Straße herzustellen, nicht besonders ausgesprochen, sondern nur vorgeschrieben, in welcher Weise die Genehmigung für die Anlage zu erwirken ist; das Badensche Gesetz überläßt dabei die Bedingungen, welche in Betreff der Herstellung und Unterhaltung zu stellen sind, zunächst dem Ermessen der Gemeindebehörde, während die Württembergsche Bauordnung die Voraussetzungen näher feststellt, bei deren Vorhandensein die Erlaubniß zu der Straßenanlage nicht versagt werden darf. Wäre im Gesetz v. 2. Juli 1875 der Unternehmer unberücksichtigt geblieben, so würde es zwischen ihm und der Gemeinde einer Vereinbarung bedurft und das dadurch hergestellte Rechtsverhältniß ausschließlich dem privatrechtlichen Gebiete angehört haben; die Gemeinde hätte dann ihre Bedingungen in jedem einzelnen Falle nach eigenem Ermessen stellen können. Gerade dies hat aber abgeschnitten werden sollen; schon in den Verhandlungen über den Entwurf einer Wegeordnung wird betont, das Erforderniß der Aufstellung eines förmlichen Gemeindestatutes solle die Möglichkeit ausschließen, die von den Unternehmern oder den angrenzenden Eigenthümern zu leistenden Beiträge ungleichmäßig und beliebig für jede einzelne Straßenanlage zu normiren; und in den Motiven zu den späteren Gesetzentwürfen ist das fast mit denselben Worten wiederholt. Gegenüber den Anliegern mag dieser Gesichtspunkt auch seine volle Berechtigung haben; weniger leicht dürfte indeß einzusehen sein, welches Interesse der Staat daran hat, einen Unternehmer, in dessen freiem Entschlusse es steht, ob er die Straße herstellen will oder nicht, gegen etwaige unbillige Anforderungen der Gemeinde zu schützen. Wie dem aber auch sei, nunmehr sind den Gemeinden gegenüber den Anliegern durch das Gesetz bestimmte Schranken gezogen; ein Mehreres, als die „Freilegung, erste Einrichtung, Entwässerung und Beleuchtungsvorrichtung" kann in Betreff des Ausbaues nicht gefordert werden; und wenn damit regelmäßig auch die zu stellenden Anforderungen erschöpft sein mögen, so werden die Gemeinden doch jedenfalls hinsichtlich der Unterhaltungslast sehr wesentlich eingeengt; diese muß dem Unternehmer spätestens nach 5 Jahren abgenommen werden — eine Bestimmung, welche dem Regulative v. 31. Dezember 1838 unbekannt war, sich ebensowenig in der Badenschen und Württembergschen Gesetzgebung findet und auch wohl nicht in allen Fällen gerechtfertigt erscheint. Die Vortheile, welche auf der anderen Seite für die Gemeinden aus der Hereinziehung des Unternehmers in das Gesetz entstehen, fallen nicht stark ins Gewicht; da nunmehr die Verpflichtung des Unternehmers, abweichend von ihrer naturgemäßen Gestaltung, in das Gebiet des öffentlichen Rechts eingeführt ist, wird den Gemeinden die Möglichkeit eröffnet, bei Nichterfüllung der Leistungen zur administrativen Exekution zu schreiten; das mag unter Umständen nützlich sein, wiegt aber den Verlust der freien Bewegung, welche sonst den Gemeinden gestattet wäre, schwerlich auf. Jedenfalls ist die Gleichstellung der Unternehmer und der

Zu §. 15.

Anlieger für den Bau und die Fassung des Gesetzes nicht günstig gewesen; schon oben (Bem. 2 am Schlusse) ist bemerkt, wie der Fall des Anbaues an bereits vorhandenen Straßen zu den Unternehmern überhaupt nicht in Beziehung gebracht werden kann; anderweite Inkongruenzen werden sich noch später ergeben.

5. Die Verpflichtung der Unternehmer und Anlieger ist inhaltlich der Hauptsache nach die gleiche. Von beiden kann

    a. die Herstellung der Straße und die Unterhaltung derselben während fünf Jahren
        oder
    b. die Erstattung der hierfür aufzuwendenden Kosten
        oder auch
    c. ein verhältnißmäßiger Beitrag zu diesen Kosten

verlangt werden. Wie nun sofort einleuchtet, sind die Gemeinden nicht in der Lage, die wirkliche Herstellung und Unterhaltung von den Anliegern zu fordern; zumal der Ausbau kann wohl von einem Unternehmer, nicht aber durch eine größere oder kleinere Zahl von Anliegern und noch dazu stückweise, je nachdem die Eigenthümer zur Bebauung ihrer Grundstücke schreiten, also zu verschiedenen Zeiten bewirkt werden; aber auch die Unterhaltung den Anliegern anzuvertrauen, wird regelmäßig nicht thunlich sein. Die fr. Bestimmung paßt daher von vornherein nur für die Unternehmer; ihre Durchführung gegenüber den Anliegern würde auch wegen der im Absatze 2 geordneten Beitragsverhältnisse auf kaum zu überwindende Schwierigkeiten stoßen.

Wenn nun das Statut den Pflichtigen die Erstattung auferlegt, können noch nicht aufgewendete Kosten auch nicht eingezogen werden. O. V. G. E. v. 26. Juni 1888 II. 698. P. V. Bl., Jhrg. IX S. 421. Eine vorgängige Heranziehung der Anlieger mit einem von den Gemeindebehörden normirten festen Satze, wie sie in einzelnen, den Ersatz der Kosten fordernden Statuten vorgesehen ist, könnte nur auf dem oben unter c. bezeichneten Wege erfolgen, würde indeß voraussetzen, daß der hiernach zu ermittelnde Beitrag diejenige Summe nicht überschritte, welche sich bei einer dem Gesetze entsprechenden Vertheilung der Gesammtkosten ergiebt. Der Weg unter c. ist indeß in keinem der beim O. V. G.

bekannt gewordenen Statuten eingeschlagen; er bietet auch insofern Schwierigkeiten, als die Beiträge je nach den steigenden oder fallenden Preisen leicht zu niedrig oder zu hoch bemessen sein können; sollte er trotzdem von einer Gemeinde betreten werden, so würde außerdem Seitens der zur Prüfung der Statuten berufenen Behörde besonders darauf zu achten sein, daß die Beiträge nicht zur Schädigung der Anlieger in einem verfrühten Zeitpunkte, etwa zu einer Zeit, wo die Ausführung der Straßenanlage noch ganz dahinsteht, eingezogen werden.

Nach dem Gesetze besteht die einzige Verschiedenheit zwischen Unternehmern und Anliegern darin, daß letztere immer nur für die Hälfte der Straße und jedenfalls nicht für mehr als 13 m. der Straßenbreite herangezogen werden dürfen. Die 13 m. gelten, wie bei der Berathung des Gesetzes (Sten. Ber. d. A. H. S. 2044) ausdrücklich anerkannt ist, daneben aber auch aus der Natur der Sache folgt, für beide Seiten, so daß die Anlieger auf jeder Seite für 13 m. haften. — In der E. des R. G. V. Cs. v. 30. Oktober 1882 (J. M. Bl. 1883 S. 334. P. V. Bl., Jhrg. V S. 59) ist die Frage, ob die 13 m. bei einer 26 m. übersteigenden Straßenbreite von der Mitte der Straße nach der Fluchtlinie oder umgekehrt gemessen werden müssen, in ersterem Sinne entschieden. Zur Begründung wird ausgeführt, das Gesetz scheine nach seiner Fassung von dem Gedanken einer Normalstraße in der Breite von 26 m. auszugehen und an diese Vorstellung knüpfe sich folgerecht die einer Verbreiterung an beiden Seiten; zwar sei ein sicherer Anhalt für die Auslegung des Gesetzes nicht gegeben und daher auch eine andere Auffassung möglich; doch habe die entwickelte Ansicht die größere Wahrscheinlichkeit für sich. — Hierüber läßt sich nun allerdings streiten; abgesehen von dem wohl kaum zutreffenden Ausgangspunkte, dem Gedanken einer Normalstraße von 26 m., kann mit ebenso gutem Grunde gesagt werden: wenn den Anliegern auf jeder Seite die Herstellung der Straße in einer Breite von 13 m. oder die Erstattung der hierfür entstehenden Kosten auferlegt sei, so spreche eine entschiedene Vermuthung dafür, daß die zunächst an ihre Grundstücke grenzenden 13 m. gemeint seien. Diese Annahme würde durch die Erwägung

Zu §. 15.

bestärkt werden, daß die Anlegung und Unterhaltung der Bürgersteige von jeher in zahlreichen Städten eine Verpflichtung der Anlieger gebildet hat und es daher nicht gerade naturgemäß erscheinen möchte, wenn ihnen bei breiteren Straßen diese Last abgenommen wäre. Man kann aber auch behaupten, daß die Frage von vornherein nicht richtig gestellt sei und eine gesonderte Berechnung der Kosten nach den räumlich abzugrenzenden Theilen der Straße überhaupt nicht stattzufinden habe. Diese Meinung dürfte dem Gedanken des Gesetzgebers, wie er namentlich in dem sich unmittelbar anschließenden Absatze 2 Ausdruck gefunden hat, am meisten entsprechen; hiernach sollen die Kosten der gesammten Straßenanlage zusammengerechnet und sodann auf die Pflichtigen vertheilt werden; damit steht es durchaus in Einklang, wenn nach der Anordnung im §. 5 des Berliner Statutes verfahren und der Beitrag der Anlieger zu den Gesammtkosten nach dem Verhältniß von 26 m. (bez. 13 m., falls nur auf einer Seite Anlieger vorhanden sind) zu der ganzen Breite der Straße berechnet wird.

6. Das Gesetz erklärt die „angrenzenden Eigenthümer", d. h. die Eigenthümer der an die neue Straße grenzenden Grundstücke ohne jede Einschränkung für beitragspflichtig. Trotzdem ist eine im Gesetze nicht ausdrücklich erwähnte Bedingung hinzuzufügen: die angrenzenden Grundstücke müssen zum Bezirke derjenigen Gemeinde gehören, welche die Straße anlegt. Es kann nur angenommen werden, daß dies stillschweigend vorausgesetzt ist. Das Gesetz will den Gemeinden eine Erleichterung gewähren, indem es ihnen die Abwälzung der Straßenanlegungskosten auf die Anlieger freistellt; die Gemeinden werden damit ermächtigt, diese Kosten in anderer Weise, als die sonstigen Gemeindebedürfnisse, aufbringen zu lassen; die Straßenbaukosten sind aber an sich Gemeindelasten und bleiben dies auch, wenn sie gemäß §. 15 einzelnen Gemeindegliedern auferlegt werden (vgl. Bem. 10 unten). Damit ist von selbst gegeben, daß die Grundstücke, deren Eigenthümer beitragspflichtig gemacht werden sollen, Theile des Gemeindebezirkes sein müssen. Denn die Heranziehung zu einer Gemeindelast, welche auf die Gemeindeglieder oder einzelne Klassen

derselben vertheilt werden soll, setzt immer eine persönliche oder dingliche Verbindung mit dem Gemeindebezirke voraus, und die hier nothwendige dingliche Verbindung kann nur durch die Zugehörigkeit des Grundstückes zum Gemeindebezirke hergestellt werden. Unter diesen Umständen bedurfte es einer besonderen Hervorhebung der gedachten Voraussetzung im §. 15 nicht; um die Absicht des Gesetzgebers erkenntlich zu machen, genügte völlig, daß die Ausübung der den Gemeinden ertheilten Befugniß im Wege des Erlasses von Ortsstatuten vorgeschrieben wurde; damit ist die Grenze für den Kreis der Beitragspflichtigen ausreichend gezogen, da ortsstatutarische Anordnungen (vgl. §. 11 der Städteordnung für die östlichen Provinzen v. 30. Mai 1853 und die entsprechenden Vorschriften der übrigen Gemeindegesetze) bestimmt sind, die Rechte und Pflichten für die „Mitglieder" der Gemeinde zu regeln, hierzu aber die Eigenthümer der außerhalb des Gemeindebezirkes belegenen Grundstücke nicht gehören. O.V.G. E. v. 5. Oktober 1888. II. 952. Dieser Grundsatz wird allerdings nicht gerade häufig zur Anwendung gelangen; immerhin giebt es aber doch hie und da Straßen, welche unmittelbar der Grenze des Gemeindebezirks entlang angelegt werden, und noch einschneidender wirkt die Beschränkung da, wo der Gemeindebezirk kein räumlich abgeschlossenes Ganze bildet, wo also entweder die Bestandtheile verschiedener Gemeinde- und Gutsbezirke im Gemenge liegen oder ganze Gutsbezirke von den Stadtbezirken umschlossen werden. Dergleichen Verhältnisse können der Ausführung des §. 15 wesentliche Schwierigkeiten bereiten.

Im Uebrigen werden alle Eigenthümer getroffen, mögen sie sonst nach den Bestimmungen der Gemeindegesetze zu den Gemeindelasten herangezogen werden können oder nicht; denn das Gesetz führt hier eine eigenthümlich gestaltete Gemeindelast ein, für welche der Kreis der Pflichtigen nur aus dem Gesetze selbst entnommen werden kann. Wenn nun die Eigenthümer ohne Ausnahme für pflichtig erklärt sind, so werden damit sämmtliche Eigenthümer erfaßt.

Ueber den Begriff des Eigenthümers und des angrenzenden

Zu §. 15.

Grundstückes können an sich begründete Zweifel nicht füglich entstehen (vgl. indeß Bem. 7f u. 9a unten).

7. Die Verpflichtung der Anlieger tritt ein, „sobald sie Gebäude an der neuen Straße errichten". Hierin liegt ausgesprochen:

a. Wegen solcher Gebäude, welche bereits vor Anlegung der Straße errichtet waren, findet eine Heranziehung nicht statt. O. V. G. E. Bd. III S. 292 ff.; Bd. XIII S. 173. Da aber die Anlegung einer Straße sich stets innerhalb eines gewissen längeren Zeitraums vollzieht, muß als maßgebend derjenige Zeitpunkt betrachtet werden, in welchem die Periode der Anlegung beginnt. Ein solcher Beginn ist jedenfalls dann vorhanden, wenn für die Straße Fluchtlinien in einem besonderen Verfahren festgesetzt sind oder die Straße in einen größeren Bebauungsplan aufgenommen ist. O. V. G. E. Bd. XV S. 155. Unter Umständen wird der Anfang der Periode aber noch weiter zurückverlegt werden können, insbesondere bis dahin, wo das Bedürfniß zur Festsetzung von Fluchtlinien in dem vom Gesetze geordneten Verfahren endgültig anerkannt ist oder wo die Gemeindebehörden die Anlegung der Straßen beschlossen bez. das Verfahren behufs Festsetzung der Fluchtlinien eingeleitet haben. Entschließt sich der Grundbesitzer, obwohl er Kenntniß von dieser Sachlage besitzt, zur Bebauung seines Grundstückes, so kann er einem Eigenthümer, welcher vor Anlegung der Straße Gebäude errichtet hat und nachträglich ohne sein Zuthun in Folge der Anlegung mit seinem Gebäude an die Straße zu liegen kommt, nicht gleichgestellt werden; insbesondere treffen bei ihm diejenigen Gründe, welche in der E. des O. V. G. Bd. III S. 301 ff. gegen eine Heranziehung solcher Eigenthümer geltend gemacht sind, in keiner Weise zu; er errichtet vielmehr das Gebäude zu einer Zeit, wo er durchaus in der Lage ist, die ihm aus der Straßenanlage erwachsenden Vorzüge und Nachtheile zu übersehen. Anders würde der Fall zu beurtheilen sein, wenn ein Anlieger den Baukonsens erhalten und mit Errichtung des Gebäudes begonnen hätte, hinterdrein aber die Anlegung der Straße beschlossen würde und er nunmehr den Bau innerhalb der Periode der Anlegung zu Ende führte; hier läßt

Zu §. 15.

sich freilich nicht leugnen, daß das Gebäude während der Anlegung errichtet wird und nicht schon vor der Anlegung errichtet war: allein die für die E. Bd. III S. 292 ff. maßgebend gewesenen Gesichtspunkte greifen auch hier durch; einem solchen Anlieger steht, weil er den begonnenen Bau nicht ohne Schaden einstellen und wieder abbrechen kann, die freie Entschließung darüber nicht mehr zu, ob er das Gebäude an der neuen Straße errichten will. Abgesehen hiervon begründet jeder innerhalb der Periode der Anlegung ausgeführte Bau die Beitragspflicht, einerlei, ob die Straße vorher oder nachher hergestellt ist; im ersteren Falle tritt die Verbindlichkeit zum Ersatze der Kosten sofort, im letzteren nach dem Ausbaue der Straße ein. Ob die Fluchtlinien=festsetzung vor oder nach Erlaß des Gesetzes stattgefunden hat, begründet ebenfalls keinen Unterschied; das Gesetz macht die Verpflichtung nicht davon, daß Fluchtlinien in Gemäßheit des Gesetzes festgestellt sind, sondern von Anlegung der Straße abhängig. R. G. V. Cs. E. v. 30. Oktober 1882 (J. M. Bl. 1883 S. 334: P. V. Bl., Jhrg. V S. 59) u. v. 10. Oktober 1888 (P. V. Bl., Jhrg. X S. 97).

b. Wie sich aus der Verschiedenheit der in den §§. 12 u. 15 gebrauchten Ausdrücke mit Nothwendigkeit ergiebt, wird im §. 15 nicht die Errichtung eines Wohngebäudes erfordert; die entgegengesetzte, früher von dem Minister des Innern vertretene, aus der Gleichstellung der §§. 12 u. 15 in der E. des O. V. G. Bd. III S. 304 ff. abgeleitete Auffassung ist in dem Erlasse v. 9. März 1887 (M. Bl. S. 82) aufgegeben.

Ueber den Begriff eines Gebäudes ist bereits in Bem. 7 zu den §§. 13 u. 14 eine Erläuterung gegeben. Für die Handhabung des §. 15 liegt jedenfalls keine Veranlassung vor, den Begriff möglichst weit zu fassen. Nach der ausgesprochenen Absicht des Gesetzgebers ist es als billig erachtet, alle diejenigen heranzuziehen, welchen die Anlegung der Straße regelmäßig wesentlichen Vortheil bringt. Nun wird allerdings für diejenigen Eigenthümer, welche größere Gebäude errichten, die neue Straße der Regel nach von erheblichem Nutzen sein; dies trifft aber meistens nur in sehr geringem Grade zu, wenn es sich um solche bauliche Anlagen

Zu §. 15.

handelt, deren Charakter als Gebäude zweifelhaft erscheint. Kann gleichwohl nach dem Wortlaute des Gesetzes nicht bestritten werden, daß jedes, auch noch so geringwerthige Gebäude die Beitragspflicht begründet, so fehlt es doch an einem inneren Grunde, um irgendwelche Ausdehnung zu rechtfertigen. Es steht hier also gerade umgekehrt, wie gegenüber der Bestimmung im §. 30 des Einkommensteuer-Gesetzes v. 1. Mai 1851, wonach bei der Berechnung des Gewinnes aus Handel und Gewerbe eine „übliche Absetzung für jährliche Abnutzung von Gebäuden und Utensilien" gestattet ist; wenn hier auf dem Gebiete der Kreis- und Gemeindebesteuerung zu den Gebäuden auch bloße Futtermauern u. dgl. gerechnet sind (O. V. G. E. v. 7. Januar 1886 II. 1264), so wird das für den §. 15 abzulehnen sein. Es möchte sich vielleicht empfohlen haben, daß im Gesetze selbst für kleinere Baulichkeiten eine Ausnahme gemacht wäre; ist das auch im Ortsstatute nicht geschehen, so bleibt nur übrig, daß der Grundbesitzer selbst abwägt, ob es zur Vermeidung der Anliegerbeiträge nicht rathsamer ist, von dem Baue Abstand zu nehmen.

c. Das Gebäude muß an der neuen Straße errichtet werden. Hierfür kann auf die Bem. 7b zu §. 12 verwiesen werden. Ein Ausgang nach der neuen Straße, wie ihn §. 12 verlangt, wird nicht vorausgesetzt. O. V. G. E. Bd. XIII S. 173, 174. In Folge dessen tritt für Eckhäuser, welche nach zwei Straßen eine Front haben, die Beitragspflicht für beide Straßen ein. O. V. G. E. v. 21. Januar 1887 II. 57. P. V. Bl., Jhrg. VIII S. 276. Um die hierin liegende Belastung der Grundbesitzer abzuwenden, war in der Komm. des A. H. ein Antrag auf Einschaltung der Worte: „mit einem Ausgange nach der neuen Straße" gestellt, er wurde aber abgelehnt, weil dem Eigenthümer auch ohne jenen Ausgang sehr wesentliche Vortheile durch die Lage des Grundstückes an beiden Straßen erwüchsen.

d. Ob das Grundstück bereits bebaut ist, entscheidet nicht, weil jede Errichtung eines Gebäudes an der neuen Straße die Beitragspflicht entstehen läßt. Der Beitrag muß also auch dann gezahlt werden, wenn nur den vorhandenen Gebäuden ein weiteres hinzugefügt oder an Stelle eines abgebrochenen bez. durch Natur-

Zu §. 15.

ereignisse zerstörten Gebäudes ein neues aufgeführt wird. O.V.G. E. Bd. XIII S. 170 ff.

e. Die Verpflichtung wird in dem Zeitpunkte wach, wo der Eigenthümer mit der Errichtung beginnt; die Worte: „sobald sie — — errichten" können nicht füglich dahin gedeutet werden, daß die Errichtung vollendet sein müsse; wäre dies beabsichtigt, so hätte der Zwischensatz lauten müssen: „sobald sie Gebäude an der neuen Straße errichtet haben". Macht aber schon das Beginnen mit der Errichtung den Eigenthümer pflichtig, so wird er auch nicht befreit, wenn er etwa hinterdrein den Bau wieder aufgiebt. Noch weniger kann es, sofern das Ortsstatut hierfür keine Ausnahme macht, darauf ankommen, ob das Gebäude nur vorübergehenden Zwecken dienen und demnächst wieder beseitigt werden soll. — Nach den Statuten wird die Zahlung vielfach in einem noch früheren Momente verlangt; sie soll — wie auch das Berliner Statut im §. 7 vorschreibt — „gegen Ertheilung der Bauerlaubniß" erfolgen. Nach dem Gesetze läßt sich das nicht rechtfertigen; das Gesuch um Ertheilung des Baukonsenses und die Ausfertigung desselben sind nur vorbereitende Schritte für die Errichtung des Gebäudes; ob und wann wirklich gebaut werden soll, hängt noch immer von der Entschließung des Bauherrn ab; die meisten Bauordnungen gewähren sogar für den Beginn des Baues die Frist eines vollen Jahres, während dessen die Bauerlaubniß ihre Gültigkeit behält. Wenn aber der Eigenthümer einen ihm ertheilten Baukonsens überhaupt nicht benutzt, so fehlt es an der gesetzlichen Vorbedingung für das Entstehen seiner Beitragspflicht, und dasselbe gilt so lange, als er den Beginn des Baues hinausschiebt. Im Allgemeinen wird freilich mit dem Bauen unmittelbar nach Erlangung der polizeilichen Erlaubniß angefangen werden; insofern mag die unrichtige Fixirung des Zeitpunktes für die Zahlungspflicht in den Ortsstatuten nicht zum Nachtheil der Anlieger gereichen; gelangt indeß die Frage in einem besonderen Falle zur Entscheidung der Verwaltungsgerichte, so wird sie schwerlich in anderem, als dem angedeuteten Sinne erledigt werden können.

Zu §. 15.

f. Eigenthümliche Schwierigkeiten erwachsen daraus, daß im §. 15 nur der gewöhnliche Fall, wo der Eigenthümer selbst baut, ins Auge gefaßt ist. Unter Umständen wird auch von anderen Personen gebaut, z. B. von dem Käufer, welchem das Grundstück noch nicht aufgelassen ist, von einem Pächter, Nutznießer u. dgl. Abzuweisen ist hier von vornherein die Annahme, daß in solchen Fällen eine Beitragspflicht niemals entstehe; bei strengem Festhalten an dem Wortlaute würde sich allerdings behaupten lassen, der Eigenthümer könne nur dann, wenn er selbst baue, herangezogen werden; das erscheint aber unvereinbar mit der zweifellosen Absicht des Gesetzgebers, würde ein weites Feld für die Umgehung des Gesetzes eröffnen und ist deshalb ohne Weiteres als unannehmbar zu bezeichnen. Die Schwierigkeiten lassen sich auch nicht etwa durch ein Abgehen von dem Begriffe des „Eigenthümers" beseitigen; denn dieser Begriff steht rechtlich fest, und wenn man ihn nicht zu Grunde legen wollte, würde jeder Anhalt für die erforderliche anderweite Abgrenzung des Kreises der verpflichteten Personen fehlen (vgl. O. V. G. E. Bd. VIII S. 62). Es muß deshalb unbedingt daran festgehalten werden, daß nur der Eigenthümer beitragspflichtig werden kann; dementsprechend hat das O. V. G. in der E. v. 1. Mai 1888 II. 485 (P. V. Bl., Jhrg. X S. 76) die Heranziehung eines Käufers vor erfolgter Auflassung des Grundstückes für unstatthaft erklärt. Andererseits unterliegt es keinem wesentlichen Bedenken, eine Beitragspflicht des Eigenthümers überall da anzuerkennen, wo er in der Lage war, den von Seiten eines Dritten auf seinem Grundstücke unternommenen Bau zu hindern, hiervon aber abgesehen hat, sei es, daß er ausdrücklich die Erlaubniß zu dem Bau ertheilte oder daß er wenigstens, obwohl von der Sachlage unterrichtet, die Errichtung des Gebäudes stillschweigend gestattete. Hier wird er füglich dem Eigenthümer, welcher sein Grundstück auf eigene Kosten durch einen Bauunternehmer bebauen läßt, gleich behandelt werden können. Dagegen ist ein Rechtsgrund für seine Verpflichtung nicht erfindlich, wenn der Bau gänzlich ohne sein Wissen oder wider seinen Willen ins Werk gesetzt sein sollte.

g. Zu erstatten sind diejenigen Kosten, welche durch die „Frei=

Zu §. 15.

legung, erste Einrichtung, Entwässerung und Beleuchtungsvorrichtung", sowie durch die „fünfjährige Unterhaltung" entstehen.

a. Der Ausdruck: „Freilegung" wird hier in einem ungewöhnlichen Sinne gebraucht. An sich bezeichnet er die Befreiung der Grundfläche von allen den Ausbau der Straße hindernden Anlagen; insbesondere von den darauf befindlichen Baulichkeiten. In dieser Bedeutung findet sich das Wort auch im §. 13 Nr. 2. Um so näher liegt deshalb der Zweifel, ob zur Freilegung auch die Erwerbung des Grund und Bodens gehört; verstärkt wird derselbe durch den Umstand, daß bei den Verhandlungen über den Entwurf des Jahres 1866 die Staatsregierung mit dem Herrenhause darüber einig war, die Anlieger seien zu den Kosten des Grunderwerbes nicht heranzuziehen. Dem gegenüber hätte man erwarten können, daß der Ausdruck, wenn er auch diese Kosten mitumfassen sollte, wenigstens in der Begründung des Entwurfs vom Jahre 1875 näher erläutert worden wäre. Daran fehlt es indeß; die Motive weisen nur darauf hin, daß ähnliche Bestimmungen, wie in den Entwurf aufgenommen, auch in dem Badenschen und Württembergschen Gesetze enthalten seien, und hier ist allerdings die Erstattungspflicht der Anlieger ausdrücklich auch auf die Kosten für den Erwerb der erforderlichen Grundflächen ausgedehnt. Daraus allein dürfte nun freilich eine Auslegung des fraglichen Wortes mit genügender Sicherheit nicht zu entnehmen sein; sie läßt sich indeß aus dem weiteren Verlaufe der Verhandlungen gewinnen. Bei der ersten Berathung im A. H. bemerkte der Abg. Haken, anscheinend sei mit Freilegung auch die Erwerbung des Terrains gemeint; er halte es aber für wünschenswerth, dies klarer auszudrücken. Der Abg. Miquél wollte unterscheiden zwischen Anlegung einer Straße durch Unternehmer oder durch die Gemeinde; im ersteren Falle betrachtete er die Pflicht der Unternehmer zur Hergabe des Grund und Bodens als selbstverständlich, im zweiten erschien ihm die richtige Regelung der Sache schwierig, und er warf den Gedanken hin, ob hier nicht Zwangsgenossenschaften der Anlieger zu bilden seien. Der Ressortminister erwiderte darauf: Freilegung bedeute nichts Anderes, als was der Abg. Haken meine; wenn die Gemeinde

Zu §. 15.

das Terrain erworben habe, müßten die späteren Anbauer dasjenige, was Seitens der Gemeinde vorgeschossen sei, der letzteren erstatten. — Die Komm. d. A. H. stellte sich, wenngleich der Bericht darüber schweigt, offenbar auf den Standpunkt der Staatsregierung und verfolgte zugleich den Gedanken des Abg. Miquél weiter, indem sie einen neuen Satz folgenden Inhalts einschob: „Bei Berechnung der Kosten sind die Kosten des gesammten Straßengrundes zusammenzurechnen und den Eigenthümern nach Verhältniß der Länge ihrer, die Straße berührenden Grenze zur Last zu legen." Daß unter die Kosten des gesammten Straßengrundes auch die Kosten für Ankauf der Grundfläche fallen, dürfte nicht wohl zu bestreiten sein. Im A. H. wurden nun allerdings die Worte: „des gesammten Straßengrundes" nach einem, vom Berichterstatter als Verbesserung empfohlenen Antrage des Abg. Stuschke ersetzt durch: „der gesammten Straßenanlage bez. deren Unterhaltung"; damit ist aber eine Aenderung in der hier fr. Richtung zweifellos nicht beabsichtigt. Auch sonst findet sich nirgends ein Widerspruch gegen die vorhin wiedergegebene Aeußerung des Vertreters der Staatsregierung; die darin enthaltene Auffassung von der Bedeutung des Ausdruckes: „Freilegung" muß deshalb als der Absicht der gesetzgebenden Faktoren entsprechend angesehen werden. — Diese Auslegung ist denn auch in der Rechtsprechung allseitig anerkannt. R. G. V. Cs. E. v. 30. Oktober 1882. J. M. Bl. 1883 S. 334. P. V. Bl., Jhrg. V S. 59. C. V. G. E. Bd. XIII S. 165. Der letzteren Entscheidung gegenüber ist der Versuch gemacht, bei der vorstehend vertretenen Auffassung einen Widerspruch zwischen den §§. 13 u. 15 zu konstruiren, weil durch die Verpflichtung der Anlieger zum Ersatze der Grunderwerbskosten ihr im §. 13 gewährleisteter Anspruch auf volle Entschädigung ganz oder theilweise illusorisch gemacht werde. In gewisser Weise trifft letzteres zu; es kann sogar vorkommen, daß der Eigenthümer, wenn die Straße in einer Breite von höchstens 26 m. nur über seinen Grundbesitz gelegt wird, auf beiden Seiten aber ihm gehörige, bebauungsfähige Grundstücke liegen bleiben, die ganze Entschädigungssumme zurückzahlen und außerdem noch die sonstigen Straßenbaukosten ersetzen muß.

Das ist indeß eine unvermeidliche Folge der im §. 15 gegebenen Bestimmungen und erscheint auch durchaus nicht auffallend, wenn man sich vergegenwärtigt, daß in dem vorausgesetzten Falle der Pflichtige an sich zur vollständigen Herstellung der Straße auf seine alleinige Kosten hätte angehalten werden können. O.V.G. E. v. 21. Januar 1887 II. 57. P.V.Bl., Jhrg. VIII S. 276. Vgl. auch Bem. 11 zu den §§. 13 u. 14 am Schluß.

Um die Weiterungen eines Enteignungsverfahrens thunlichst zu vermeiden, haben verschiedene Ortsstatute eine Regelung getroffen, wonach der Werth des von den Anliegern ohne vorher bedungenen Preis abgetretenen Straßenlandes entweder nach dem Durchschnittspreise der entgeltlich überlassenen Flächen oder wenigstens mit Berücksichtigung dieses Preises von dem Magistrate festgestellt und den Eigenthümern angerechnet wird (vgl. das Berliner Statut §. 2). Da das Gesetz im Absatz 3 den Gemeinden eine solche Anordnung freistellt, unterliegt ihre Rechtsgültigkeit keinem Bedenken. O.V.G. E. Bd. XIII S. 165, 166.

b. Unter der „ersten Einrichtung" ist der straßenmäßige Ausbau zu verstehen. Dazu würden schon an sich die Anlagen behufs Entwässerung der Straße gehören, weil eine Straße ohne Entwässerung nicht füglich hergestellt werden kann. Der Gesetzgeber hat es aber für zweckmäßig erachtet, die Entwässerung und die Beleuchtungsvorrichtung noch besonders zu erwähnen. Der letzteren war in dem Entwurfe nicht gedacht; ihre Hinzufügung beruht auf dem Vorschlage der Komm. d. A. H., welcher sich allerdings bei der ausdrücklichen Hervorhebung der Entwässerung zur Abschneidung von Zweifeln empfahl.

Zu den Kosten der ersten Einrichtung dürfen aber nicht solche Aufwendungen gerechnet werden, welche behufs Anlegung, Besserung oder Unterhaltung eines Weges zu der Zeit, als die Umwandlung desselben in eine Straße noch nicht beschlossen war, von der Gemeinde gemacht sind. Hierdurch werden vielleicht Ausgaben für die demnächstige Herstellung der Straße erspart; jene Kosten tragen aber ursprünglich nicht den Charakter von Straßenanlegungskosten und können diesen nicht nachträglich durch

Zu §. 15.

Einziehung des Weges in das Straßennetz annehmen. O.V.G. E. v. 5. Oktober 1888 II. 951.

Die Kosten solcher Anlagen, welche zur Entwässerung der angrenzenden Grundstücke dienen, fallen nicht unter die Kosten der „Entwässerung der Straße", da sich nicht behaupten läßt, daß die Straße begrifflich eine Anstalt behufs Entwässerung der anliegenden Grundstücke sei. Bei dem in größeren Städten vorkommenden Kanalisirungs-Systeme, welches die Entwässerung der Straßen und Grundstücke mit einander verbindet und außerdem die Durchleitung des von ganzen Stadttheilen angesammelten Wassers durch einzelne Straßen nothwendig macht, wird zweckmäßig eine nähere Regelung der den Anliegern obliegenden Ersatzpflicht im Ortsstatute vorzunehmen sein, da sonst die Abmessung desjenigen Kostentheiles, welcher auf die Entwässerung der neuen Straße allein entfällt, den größten Schwierigkeiten ausgesetzt sein kann. In dem Berliner Statute fehlt eine Bestimmung hierüber.

Kosten für die Herstellung von Wasserleitungen behufs Versorgung der bebauten Grundstücke mit dem erforderlichen Bedarfe an Wasser können nicht in Rechnung gestellt werden. O.V.G. E. Bd. XV S. 153, 154.

c. Wie das Gesetz ausdrücklich hinzufügt, hat die Anlegung der Straße „in der dem Bedürfnisse entsprechenden Weise" zu erfolgen. Die Gemeinden können also — entweder im Ortsstatute oder durch anderweite, einer Genehmigung nicht bedürftige Beschlüsse ihrer zuständigen Organe — genauere Festsetzungen über den Ausbau treffen; ist dies nicht ein für alle Mal geschehen, so haben die Gemeindebehörden das Erforderliche in jedem einzelnen Falle für die betreffende Straße anzuordnen. Den Pflichtigen steht hiergegen ein Widerspruchsrecht nicht zu; doch haben sie einen Anspruch darauf, daß bei Berechnung ihrer Beiträge das etwa im Ortsstatute fest bestimmte Maß für den Ausbau zu Grunde gelegt werde.

d. Bei der durch die Gemeinde selbst bewirkten Anlegung und Unterhaltung handelt der Gemeindevorstand nicht etwa als Geschäftsführer der Ersatzpflichtigen, sondern lediglich als Verwalter

Zu §. 15.

einer Gemeindeangelegenheit, welche von ihm innerhalb seiner ordnungsmäßigen Befugnisse nach pflichtmäßigem Ermessen zu erledigen ist. Er hat daher Alles, was ihm zur Vorbereitung, Durchführung und Beendigung des Ausbaues, sowie demnächst zur regelrechten Unterhaltung der Straße erforderlich erscheint, in derselben Weise, wie bei jedem anderen, Seitens der Gemeinde auszuführenden Baue, ins Werk zu setzen. Die dadurch entstehenden Kosten fallen sämmtlich den Pflichtigen zur Last; insbesondere also auch die Kosten etwaiger, vor Beginn des Baues angeordneter Vermessungen, Nivellements ꝛc. ebenso wie die Kosten ungünstig ausgefallener Prozesse mit den zur Abtretung des Grund und Bodens verpflichteten Eigenthümern, mit Lieferanten des Baumaterials oder mit Unternehmern, welchen die Herstellung bestimmter Anlagen verdungen ist. O.V.G. E. v. 16. November 1888 II. 1082. P. V. Bl., Jhrg. X S. 283.

Nur in einem, allerdings wesentlichen Punkte tritt eine Eigenthümlichkeit hervor: den Pflichtigen muß über die Aufwendung Rechnung gelegt werden und sie können darin aufgenommene Ausgaben, welche ihnen nach dem Gesetze nicht zur Last fallen, beanstanden. Die Begründung hierfür wird angemessen in Verbindung mit den Erörterungen über den Charakter der Beitragspflicht und die gegen eine Heranziehung offenstehenden Rechtsmittel erbracht (vgl. unten Bem. 10. c.).

9. Nach dem Absatze 2 sind die Kosten der gesammten Straßenanlage und bez. deren Unterhaltung zusammenzurechnen und den Eigenthümern nach Verhältniß der Länge ihrer die Straße berührenden Grenze zur Last zu legen.

a. Die Bedeutung dieser Vorschrift liegt vor Allem in der Feststellung des gesetzlichen Maßstabes für die Vertheilung der Kosten; diese soll erfolgen nach der Frontlänge der Grundstücke an der Straße. Hierbei muß, obgleich dies im Gesetze nicht bestimmt zum Ausdrucke gelangt, jedes für sich bestehende Grundstück auch abgesondert für sich behandelt werden. Unter welchen Voraussetzungen bei neben einander liegenden Flächen das Vorhandensein eines eigenen, selbständigen Grundstücks anzuerkennen ist, läßt sich im Allgemeinen nicht sagen, bleibt vielmehr für jeden

Zu §. 15.

einzelnen Fall aus der Gesammtheit aller thatsächlichen und rechtlichen Verhältnisse heraus zu prüfen und festzustellen. Die grundbuchliche Selbständigkeit ist nicht unbedingt entscheidend, kann aber immerhin unter Umständen ein erhebliches Moment für die Beurtheilung abgeben; von wesentlicher Bedeutung erscheint jedenfalls die wirthschaftliche Benutzung; Grundstücke, die zu einem wirthschaftlichen Ganzen verbunden sind, werden der Regel nach auch als Einheit zu behandeln sein; umgekehrt spricht eine vollständig durchgeführte Trennung bei der wirthschaftlichen Verwerthung entschieden für die Selbständigkeit der einzelnen Grundstücke. O. V. G. E. Bd. IV S. 369; Bd. XIII S. 167 ff.

Für jedes selbständige Grundstück kommt, sofern die Beitragspflicht begründet ist, immer die ganze Frontlänge in Betracht, mag sie nun vollständig oder nur theilweise oder gar nicht mit dem neuen Gebäude besetzt werden; auch begründet es keinen Unterschied, ob auf der Front ein schon vor Anlegung der Straße errichtetes Gebäude steht. O. V. G. E. Bd. XIII S. 168; v. 5. April 1889 II. 237.

b. Nach dem besprochenen Maßstabe sind zu vertheilen „die Kosten der gesammten Straßenanlage". Darin liegt eine grundsätzliche Abweichung von dem früher in Berlin bestehenden Regulative, wie dasselbe wenigstens in der E. des R. G. II. Hülfsf. v. 13. Oktober 1881 (P. V. Bl., Jhrg. III S. 115) ausgelegt ist; denn hier wird angenommen, die Beitragspflicht auf Grund des Regulativs entstehe nicht erst nach vollendeter Pflasterung der ganzen Strecke, sondern trete für jeden Anlieger mit der erfolgten Pflasterung derjenigen Strecke ein, an welche sein Grundstück grenze; selbst wenn die Pflasterung noch nicht vor der ganzen Front vorübergeführt sei, könne der Beitrag zu den Kosten, soweit die Pflasterung vor dem Grundstücke vorgeschritten sei, eingefordert werden. — Ein derartiges Vorgehen ist durch den Absatz 2 des §. 15 zweifellos ausgeschlossen; aus der gesammten Straßenanlage können nicht beliebige Stücke herausgenommen werden. Dagegen bedarf es unter Umständen einer genaueren Bestimmung, was unter der „gesammten Straßenanlage" zu verstehen ist. Das Berliner Statut enthält hierfür im §. 4 eine

Bestimmung, welche zweckmäßig erscheint und auch mit dem Gesetze vereinbar sein dürfte. Welche Straßen angelegt und ausgebaut werden sollen, hat an sich die Gemeinde festzustellen; in Folge dessen muß sie auch befugt sein, zu beschließen, daß von einer langausgedehnten neuen Straße zunächst nur einzelne Strecken hergestellt werden sollen; das kann je nach den Verhältnissen nicht blos entschieden angezeigt sein — z. B. wenn an den entfernteren Theilen eine Bebauung in nächster Zukunft nicht zu erwarten ist — sondern sich sogar auch als unvermeidlich ausweisen — wenn etwa der völligen Durchführung des Planes einstweilen Hindernisse entgegenstehen. In solchen Fällen läßt sich dem Umstande, daß aus naheliegenden Zweckmäßigkeitsrücksichten die Fluchtlinien sofort für die ganze Ausdehnung der Straße festgesetzt sind, nicht wohl die Wirkung beilegen, der gesammten Strecke den Charakter einer untheilbaren Einheit aufzuprägen; die Gemeinde ist also in der Lage, die zur Zeit in Betracht kommende „Straßenanlage" auf die Herstellung einzelner Abschnitte zu beschränken. Daß hierbei möglicherweise einzelne Anlieger benachtheiligt werden können, ist zuzugeben; eintretenfalls würde dann die kommunale Aufsichtsbehörde angerufen werden müssen; im Allgemeinen wird man indeß ein pflichtmäßiges, den Interessen der Anlieger wie der Gemeinde gleichmäßig Rechnung tragendes Verfahren der Gemeindeorgane voraussetzen dürfen und ein gewisses Maß freier Bewegung muß in diesem Punkte den Gemeinden immer eingeräumt werden.

c. Der Fassung des Absatzes 2 liegt offenbar die Voraussetzung zu Grunde, daß die Vertheilung der Kosten erst dann erfolge, wenn der gesammte erforderliche Aufwand rechnungsmäßig feststeht. Die Worte: es „sind die Kosten der gesammten Straßenanlage — — zusammenzurechnen" lassen sich füglich nicht anders verstehen, als daß eben sämmtliche, durch die Straßenanlage erwachsene Kosten zusammengerechnet werden sollen. Doch mag hiermit keine unbedingt bindende Vorschrift beabsichtigt, die Fassung vielmehr nur deshalb gewählt sein, weil sie dem naturgemäßen Verlaufe des Verfahrens entspricht. Nimmt man dies an, so steht es den Gemeinden frei, in Gemäßheit des Absatzes 3

Zu §. 15.

auch hierüber nähere Bestimmungen zu treffen und insbesondere anzuordnen, daß zu einer Vertheilung der Kosten schon vor Vollendung der Anlage geschritten werden könne. In gewissen Fällen wird dies für die Gemeinden vortheilhaft sein; ganz unbedenklich ist es indeß selbst dann nicht, wenn man von dem Wortlaute des Gesetzes völlig absieht. Denn es liegt zunächst auf der Hand, daß die Grundeigenthümer ein erhebliches Interesse daran haben, erst nach Herstellung der Straße herangezogen zu werden. Wenn z. B. die Kosten des Grunderwerbes vorab eingefordert werden, der Ausbau der Straße sich aber noch länger verzögert, so trifft der dem Gesetze zu Grunde liegende Gedanke, daß die Abwälzung der Kosten auf die Anlieger durch die denselben aus der Straßenanlage erwachsenden Vortheile gerechtfertigt werde, jedenfalls nur in höchst unvollkommenem Grade zu. Auch lassen sich sonst Fälle denken, in welchen die Spaltung der Gesammtkosten unthunlich erscheint; es braucht nur an die im §. 2 des Berliner Statuts aufgenommene und von da in viele andere Statute übergegangene Bestimmung erinnert zu werden, wonach das unentgeltlich abgetretene Straßenland zu einem besonders ermittelten Werthe in Rechnung gestellt und demnächst den betr. Anliegern auf ihren Beitrag zu den Gesammtkosten in Abzug gebracht wird; hier verbietet es sich von selbst, etwa die Pflasterungskosten für sich und ohne Rücksicht auf die Grunderwerbskosten zu vertheilen und einzuziehen. — Soll trotzdem den Gemeinden die Befugniß zugestanden werden, eine theilweise Einforderung der Kosten vorzunehmen, so wird jedenfalls verlangt werden müssen, daß hierüber das Erforderliche im Statute ausdrücklich festgesetzt werde. Ist dies nicht geschehen, so hat es bei der Vertheilung der Gesammtkosten um so mehr zu bewenden, als auch der rechtliche Charakter des Anliegerbeitrages für ein solches Verfahren spricht. Die Beiträge sind — wie in Bem. 10 noch weiter ausgeführt werden wird — Gemeindeabgaben; fehlt es nun an einer abweichenden besonderen Anordnung, so kann nur der Beitrag, wie er sich bei Vertheilung der Gesammtkosten ergiebt, als die dem Anlieger zur Last fallende Abgabe betrachtet werden; diese aber darf nicht in der Art auseinandergelegt werden, daß zunächst nur ein Theil eingezogen und die Berechnung des von den Pflichtigen zu entrichtenden Restes oder des Gesammtbetrages vorbehalten wird. O. V. G. E. v. 19. Februar 1889 II. 181. Eine ortsstatutarische Feststellung ist aber auch schon deshalb unentbehrlich, weil sonst nicht erhellt, worin die einzelnen Gemeindeabgaben bestehen sollen. Sie können sehr verschieden gestaltet sein; im Anschluß an das Gesetz würde sich die Gesammtabgabe etwa zerlegen lassen in einen Beitrag zu den Kosten 1) der Freilegung, 2) der ersten Einrichtung, 3) der Entwässerung, 4) der Beleuchtungsvorrichtung; da diese Spaltung indeß eines inneren Grundes entbehrt, könnte sie nicht blos in anderer Weise vorgenommen werden, sondern auch noch erheblich weiter getrieben werden. Daß dies mit dem Wesen der Sache sich wenig verträgt und außerdem zu einer ungebührlichen Belästigung der Pflichtigen, wie der zur Entscheidung etwaiger Streitigkeiten berufenen Behörden führen kann, bedarf keiner Darlegung; soll also eine derartige Regelung überhaupt zugelassen werden, so wird bei Bestätigung der Statuten sorgfältig zu prüfen sein, wie weit hierin gegangen werden kann.

Die vorstehend entwickelten Grundsätze stehen vielleicht nicht ganz in Einklang mit dem Erlasse des Ministers des Innern v. 6. Juni 1888 (M. Bl., S. 125); anscheinend wird hier davon ausgegangen, daß eine theilweise Einziehung der Kosten — selbst ohne desfallsige Bestimmung im Statute — unbedenklich und den Gemeinden nur zu empfehlen sei. Das O. V. G. hat bisher bestimmte Stellung zu der Frage im Allgemeinen noch nicht genommen; nur ist in einem Falle, wo das Statut zum Ausdruck brachte, daß erst nach völliger Herstellung der Straße die Rechnung aufgemacht und der Ersatz gefordert werden solle, die vorab erfolgte Einziehung eines Theils der Kosten für unstatthaft erklärt (E. v. 21. Januar 1887 II. 57. P. V. Bl., Jhrg. VIII S. 276) und außerdem gegenüber dem Berliner Statute angenommen, daß die Gemeinde nicht verpflichtet sei, vor vollständigem Abschlusse der Rechnung einen Beitrag auszuschreiben (E. v. 16. November 1888 II. 1082 P. V. Bl., Jhrg. X S. 283).

d. Bei der Vertheilung und Einziehung der Unterhaltungs-

Zu §. 15.

kosten dürften Zweifel und Schwierigkeiten nicht leicht hervortreten. An eine Zerlegung, wie sie eben besprochen ist, wird hier schwerlich je gedacht werden. Daß diese Kosten alljährlich aufgebracht werden, entspricht der Natur der Sache; es würde das durch Statut aber auch anders geordnet werden können.

10. Die den Eigenthümern auferlegten Beiträge gehören zu den Gemeindelasten im Sinne des §. 18 Nr. 2 und §. 34. Nr. 2 des Zuständigkeitsgesetzes v. 1. August 1883 und bilden auch, wo dies Gesetz noch nicht in Kraft getreten ist, allgemeine Kummunalabgaben, hinsichtlich deren die Betretung des Rechtsweges ebenso wie bei den sonstigen öffentlichen Abgaben ausgeschlossen ist. Letzteres hat das R. G., während von ihm früher, namentlich in Beziehung auf die aus dem Berliner Regulative v. 31. Dezember 1838 hervorgehende Straßenbaupflicht, ein entgegengesetzter Standpunkt eingenommen war, in der E. des IV. Cf. v. 24. März 1881 (P. V. Bl., Jhrg. III S. 348) anerkannt und seitdem unverändert festgehalten (vgl. auch R. G. IV. Cf. v. 8. Juli 1886 Bd. XVII S. 199). Ersteres ist Seitens des O. V. G. von Anfang an angenommen. (E. Bd. XII S. 126 ff., Bd. XIII S. 161 ff; Bd. XV S. 147 ff.) Demgemäß richten sich die den Eigenthümern gegen ihre Heranziehung zustehenden Rechtsmittel im Geltungsbereiche des Zuständigkeitsgesetzes nach den angezogenen Bestimmungen desselben, in Verbindung mit §. 160; außerhalb dieses Geltungsbereiches sind Beschwerden von den Kommunal-Aufsichtsbehörden zu entscheiden.

Im Einzelnen ist hervorzuheben:

a. Eine Heranziehung oder Veranlagung kann erst vorgenommen werden, nachdem die Beitragspflicht entstanden, also mit Errichtung eines Gebäudes begonnen ist (vgl. Bem. 7 e oben); eine Repartition und Feststellung der Erstattungsverbindlichkeit gegenüber den Eigenthümern der noch unbebauten Grundstücke findet nicht statt. O. V. G. E. Bd. XII S. 126 ff.

b. Ob die ausgeschriebene Abgabe richtig bemessen ist, kann der Pflichtige nur dann beurtheilen, wenn ihm Einsicht in die von der Gemeindeverwaltung aufgemachte Rechnung gestattet wird; er muß folglich hierauf einen Anspruch haben. Dies

Zu §. 15.

erscheint als eine Abweichung von denjenigen Grundsätzen, welche sonst im Allgemeinen für Gemeindeabgaben und insbesondere für Gemeindesteuern gelten; hier kann der Herangezogene regelmäßig nicht einwenden, die auf sämmtliche Pflichtige vertheilte Summe übersteige den Bedarf; er ist deshalb auch nicht befugt, irgend welche Rechnungslegung oder einen anderweiten Nachweis über die Höhe der im Ganzen aufzubringenden Summe von der Gemeindebehörde zu fordern. Die Abweichung rechtfertigt sich aber aus der besonderen Natur dieser Gemeindelast. Während sonst die Abgaben nach bestimmten, durch die Beschlüsse der Gemeindebehörden und erforderlichenfalls durch die Genehmigung der Aufsichtsbehörden festgestellten Sätzen erhoben und diese letzteren entweder den allgemeinen Bedürfnissen des Gemeindehaushaltes oder dem besonderen Zwecke der Abgabe nach dem pflichtmäßigen Ermessen der genannten Organe angepaßt werden, ist bei den Anliegerbeiträgen dasjenige, was vertheilt und aufgebracht werden soll, durch das Gesetz und das Ortsstatut genau vorgeschrieben; deshalb fällt hier die Frage, ob die Gesammtsumme der Kosten richtig berechnet ist, mit der Frage zusammen, ob die für die Heranziehung geltenden Normen innegehalten sind. Kann dies nun nicht ohne Einsicht der Rechnung beurtheilt werden, so stellt sich die Offenlegung der letzteren als unerläßlich dar, sowohl für die Pflichtigen, um Einspruch und Klage erheben zu können, als für die Verwaltungsgerichte, um bei obwaltendem Streite entscheiden zu können. Umgekehrt hat allerdings das R. G. II. Hülfsf. in der E. v. 28. November 1881, (P. V. Bl., Jhrg. III S. 174) gegenüber dem Berliner Regulative v. 31. Dezember 1838 ausgesprochen, die Anlieger könnten eine Rechnungslegung nicht verlangen; die dafür geltend gemachten Gründe sind aber als durchschlagend nicht zu betrachten; sie gehen im Wesentlichen dahin, es sei nicht anzunehmen, daß den städtischen Behörden, welche die Herstellung der Straße nicht für die Anlieger, sondern aus eigenem Rechte bewirkten, und genügend beaufsichtigt würden, bei Verleihung des Privilegs die Pflicht der Rechnungslegung habe auferlegt werden sollen. Hierbei hat der eigenthümliche Charakter der Abgabe nicht genügend Beachtung gefunden; dies tritt

Zu §. 15.

namentlich dann hervor, wenn der Streit vor die Verwaltungs=
gerichte gebracht wird. Es ist unmöglich, dem Anlieger z. B. die
Einwendung abzuschneiden, er sei in dem geforderten Beiträge
gesetzwidrig zu den Kosten einer nur für die Versorgung der
Hausgrundstücke bestimmten Wasserleitung mitherangezogen, oder es
seien Aufwendungen in die Rechnung eingestellt, welche die Ge=
meinde früher für die jetzt in eine Straße verwandelte Chaussee
gemacht habe; es ist aber ebenso unmöglich, von Seiten des Ge=
richts hierüber eine Entscheidung zu fällen und den etwaigen
Minderbetrag der auf den Pflichtigen entfallenden Abgabe festzu=
stellen, wenn nicht die Abrechnung in den einschlagenden Posten
klargelegt wird. Das O. V. G. hat denn auch, von der hier ver=
tretenen Auffassung ausgehend, wiederholt einzelne bestrittene
Ansätze der Abrechnung näher geprüft und eintretendenfalls be=
richtigt. E. Bd. XV S. 153, 154; v. 12. April 1886 II. 356.
P. V. Bl., Jhrg. VII S. 297 und v. 5. Oktober 1888 II. 951.
Festzuhalten bleibt hierbei nur immer der schon oben (Bem. 8 d)
betonte Grundsatz, daß die Art und Weise, wie die Straßenan=
lage ausgeführt ist, an sich von den Pflichtigen nicht angefochten
werden kann.

c. Wie das R. G. wiederholt und das O. V. G. in dem ein=
zigen, bisher zur Erörterung gekommenen Falle (E. v. 16. No=
vember 1888 II. 1082. P. V. Bl., Jhrg. X S. 283) anerkannt
hat, ruht die Abgabe auf dem betr. Grundstücke in der Art, daß
eventuell der Besitznachfolger für die Entrichtung mit dem Grund=
stücke haftet, trägt also dinglichen Charakter an sich. Allerdings
ist dies in dem Gesetze selbst nicht ausdrücklich ausgesprochen, es
muß aber nach den getroffenen Bestimmungen und nach dem
Wesen der Sache angenommen werden. Der Grund der Ver=
pflichtung wurzelt in dem Eigenthume an den die Straße be=
grenzenden Grundstücken; weil der Eigenthümer einen wesentlichen
Vortheil von der Straßenanlage hat, kann die Last auf ihn ab=
gewälzt werden; dieser Vortheil aber ist unzertrennlich mit dem
Grundstücke verbunden; es entspricht daher nur dem durch das
Gesetz geschaffenen Rechtsverhältniß, wenn die Abgabe als auf
dem Grundstücke ruhend behandelt wird. Diese Auffassung ge=

Zu §. 15.

winnt eine wirksame Unterstützung durch den Umstand, daß den gleichen Verpflichtungen, welche den Anliegern aus dem Berliner Regulative v. 31. Dezember 1838 erwuchsen, von den Gerichten stets dinglicher Charakter beigelegt ist (vgl. O. Tr. E. v. 12. Mai 1868 Bd. 60 S. 35 ff.). Wenn nun der Gesetzgeber diesen Rechtszustand als anerkanntermaßen bestehend vorfand, so wird nicht vorausgesetzt werden können, daß eine Abweichung davon bei der Uebernahme der Vorschriften des Regulativs in das Gesetz beabsichtigt sei. Letzteres ist um so unwahrscheinlicher, als damit eine erhebliche Verschlechterung in der Lage der Gemeinden herbeigeführt, unter Umständen sogar die Durchführung des Gesetzes unmöglich gemacht wäre. Folgende Erwägung wird dies klarlegen. Ist die Neuanlegung einer Straße, etwa durch Festsetzung von Fluchtlinien, beschlossen, wird aber nicht sofort mit dem Ausbau vorgegangen — ein Fall, der häufig genug eintritt —, so kann zwar die Bebauung der angrenzenden Grundstücke mit Wohnhäusern, welche einen Ausgang nach der neuen Straße haben, nicht aber der Anbau mit anderweiten Gebäuden verhindert werden (§ 12); die Anlieger sind also im Stande, ihre Grundstücke mit Fabriken, Niederlagen und sonstigen Baulichkeiten in einer Weise zu besetzen, daß die spätere Errichtung von Gebäuden überhaupt nicht mehr in Frage kommt. Dadurch entsteht eine Ersatzpflicht zunächst nicht. In verschiedenen Statuten hat man freilich eine derartige Gestaltung versucht, indem die Verpflichtung in diesen Fällen als bereits eingetreten, aber einstweilen ruhend bezeichnet ist; allein die Ersatzpflicht kann nicht eher wach werden, als bis wirklich Kosten, die erstattet werden sollen, aufgewendet sind; eine Verpflichtung des bauenden Anliegers läßt sich deshalb vorher als bereits entstanden nicht konstruiren. Wird nun demnächst die Straße hergestellt und ist inzwischen das Grundstück in andere Hände übergegangen, so würde nicht blos thatsächlich die Einziehung des Beitrages von dem früheren Eigenthümer leicht unthunlich werden, sondern auch von vornherein rechtlich als unstatthaft erscheinen. Denn in dem Zeitpunkte, wo die Ersatzpflicht eintritt, besteht keinerlei rechtliche Verbindung mehr zwischen der Gemeinde und dem Eigenthümer, wenn dieser nicht etwa — was

Zu §. 15.

indeß hier unerheblich sein würde — der Gemeinde durch Wohnsitz oder Aufenthalt persönlich angehört; es fehlt deshalb an jeder Rechtsgrundlage für die Annahme, daß die Beitragspflicht auf Seiten des früheren Eigenthümers entstehe. Die Gemeinde kann sich also, wenn nicht der betr. Beitrag ganz ausfallen soll, nur an den gegenwärtigen Eigenthümer halten; das setzt aber eben den dinglichen Charakter der Last voraus. Derselbe ist übrigens auch von dem Minister des Innern mehrfach anerkannt (vgl. das Berliner Statut §. 7 am Schlusse und den Erlaß v. 6. Juni 1888 M. Bl. S. 125); hier wird freilich blos eine den Besitznachfolger verpflichtende Bestimmung im Ortsstatute als rechtlich zulässig angesehen; indeß besteht kein Zweifel, daß eine solche ortsstatutarische Anordnung nur dann gültig sein kann, wenn der dingliche Charakter schon durch das Gesetz gegeben ist; denn sonst würde das Statut den Kreis der Verpflichteten über den Rahmen des Gesetzes hinaus erweitern.

Für den Verkehr mit Grundstücken ist dieser Rechtszustand allerdings einigermaßen hinderlich; wer ein bereits bebautes Grundstück an einer neuen Straße erwirbt, sei diese nun fertig gestellt oder noch nicht vollständig ausgebaut, muß sich im ersteren Falle vergewissern, ob die Anliegerbeiträge schon bezahlt sind, und hat im zweiten Falle für die Bemessung des Kaufpreises zu beachten, daß ihn jedenfalls demnächst die Ersatzpflicht trifft. Namentlich das letztere kann unter Umständen unbequem werden, weil sich die Höhe des Beitrages vielleicht nicht übersehen läßt; im Grunde steht aber ein solcher Käufer nicht anders als derjenige, welcher ein unbebautes Grundstück an der neuen, noch in der Anlegung begriffenen Straße erwirbt, um es zu bebauen; auch hier wird die später von ihm zu entrichtende Summe meistens nicht genau im Voraus festgesetzt werden können. — Ueber das in solchen Fällen zwischen dem Käufer und Verkäufer entstehende Rechtsverhältniß, insbesondere die Regreßpflicht des letzteren vgl. E. des R. G. II. Hülfsf. v. 5. Juni 1880. P. V. Bl., Jhrg. I S. 358; V. Cf. v. 11. Juli 1885. P. V. Bl., Jhrg. VI S. 405 u. VII S. 262; über die Anmeldung der Rückstände im Konkurse II. Hülfsf. v. 11. Juli 1881. P. V. Bl., Jhrg. III S. 14; über den Begriff der Rück=

stände O. V. G. E. v. 16. November 1888 II. 1082. P. V. Bl., Jhrg. X S. 283.

Da die Beiträge dinglichen Charakter nach dem Gesetze an sich tragen, bedarf es einer ausdrücklichen Hervorhebung dieser ihrer Eigenschaft im Ortsstatute nicht; solange das Statut nicht etwas Abweichendes anordnet, bleibt es bei dem Inhalte des Gesetzes. Der Gemeinde ist es aber unbenommen, unter Verzichtleistung auf das ihr nach dem Gesetze zustehende Recht von einer Heranziehung der Besitznachfolger abzusehen und die Angelegenheit in anderer Weise zu regeln; einen solchen Fall behandelt die E. des O. V. G. v. 20. Januar 1888 II. 78. P. V. Bl., Jhrg. IX S. 239.

d. Die Eigenthümlichkeit der Abgabe macht es schwierig, ihr Verhältniß zu dem Gesetze über die Verjährungsfristen bei öffentlichen Abgaben v. 18. Juni 1840 festzustellen. Das O. V. G. hat die sich hierbei ergebenden Zweifel noch nicht gelöst; bei den bisher ergangenen Entscheidungen mag mehr oder weniger vielleicht stillschweigend davon ausgegangen sein, daß die Bestimmungen des Gesetzes Anwendung finden und daß insbesondere die im §. 1 für die Erhebung des Einspruchs vorgeschriebene Frist von drei Monaten innegehalten werden müsse (vgl. z. B. E. v. 17. Juni 1887 II. 581); allein zu einer wirklichen Erörterung und zum Austrage sind die verschiedenen, hierbei auftauchenden Fragen noch nicht gekommen, weil überall jene Frist als gewahrt angesehen werden konnte und eine Verspätung der Einforderung des Beitrages niemals mit genügenden thatsächlichen Unterlagen behauptet ist. Der Minister des Innern erkennt in dem Erlasse v. 6. Juni 1888 (M. Bl. S. 125) die obwaltenden Bedenken an, gelangt schließlich aber zu dem Ergebnisse, die Vorschrift im §. 5 des Gesetzes von 1840 sei mit der Maßgabe anzuwenden, daß die hier vorgesehenen Wirkungen erst in demjenigen Jahre eintreten, in welchem der Anspruch der Gemeinde liquide geworden sei und der Einziehung des Beitrages nichts mehr im Wege stehe. Die Abgabe wird also den direkten Steuern und zwar den Grundsteuern gleichgestellt, bei denen eine Nachforderung nur für das Kalenderjahr bez. Etatsjahr zulässig ist,

Zu §. 15.

worin die Nachforderung geltend gemacht wird. Die üble Lage, in welche die Gemeinden bei einer solchen Handhabung des Gesetzes gerathen können, dürfte nicht wegzuleugnen sein; der Zeitpunkt, in welchem der Anspruch liquide wird, hängt keineswegs allein von der Thätigkeit oder Entschließung der Gemeindeorgane ab; tritt er aber kurz vor dem Schlusse des Jahres ein, so müßte die Forderung bei Vermeidung des Verlustes noch innerhalb der Frist bis zum Ablaufe des Jahres geltend gemacht werden, so daß dem Gemeindevorstande dazu vielleicht nur wenige Tage freibleiben. Um so mehr wird die Sache einer sorgfältigen Erwägung zu unterziehen sein. In erster Linie fragt sich dabei, ob der Anliegerbeitrag zu den direkten (§. 1 des Gesetzes) oder den indirekten Steuern (§. 2) gehört. Das R.G., welches in der E. des II. Hülfsf. v. 28. November 1881 (P.V.Bl., Jhrg. III S. 174) den Anliegerbeiträgen des Berliner Regulativs vom 31. Dezember 1838 die Eigenschaft als Steuern überhaupt abgesprochen hat, faßt nach der E. des IV. Cf. v. 8. Juli 1886 (P.V.Bl., Jhrg. VIII S. 53) die Beiträge aus §. 15 des Gesetzes v. 2. Juli 1875 als indirekte Gemeindesteuern auf; eine Begründung dafür ist allerdings nicht gegeben, die Anschauung des Gerichts vielmehr nur durch Beifügung des eingeklammerten Wortes: „indirekte" gekennzeichnet. — Unter die direkten Steuern des §. 1 lassen sich die Beiträge denn auch nicht wohl bringen. Jene werden — wie es in der E. des O.V.G. Bd. VI S. 105 heißt — in gewissen regelmäßigen Zwischenräumen nach einer besonders vorher festgestellten Heberolle auf die Pflichtigen umgelegt; das stimmt mit den Merkmalen, welche das Staatsministerium bei Vorlegung des Gesetzentwurfes in dem Immediatberichte v. 30. November 1838 für die Unterscheidung zwischen direkten und indirekten Steuern aufgestellt hat; die betr. Stelle lautet (vgl. O.Tr. E. Bd. 74 S. 118):

> Die direkten Steuern unterscheiden sich dadurch sehr wesentlich von den indirekten Steuern, daß erstere wiederkehrend nach Jahressätzen — wenngleich in monatlichen Raten zahlbar — auf den Grund jährlich im Voraus angefertigter oder für längere Zeit feststehender Heberollen er-

Zu §. 15.

hoben, letztere dagegen nur dann entrichtet werden, wenn der nicht im Voraus zu bestimmende Fall der Steuerverpflichtung eintritt. Der Betrag der direkten Steuer wird dem Steuerpflichtigen für einen bestimmt bevorstehenden Zeitraum bekannt, die indirekte Steuer aber erst dann, wenn er sich in den Fall der Entrichtung versetzt — —

Wie ohne Weiteres einleuchtet, können die Anliegerbeiträge als direkte Steuern in diesem Sinne nicht betrachtet werden. Hierbei ist ganz davon abzusehen, ob für die von den Anliegern zu ersetzenden Kosten der fünfjährigen Unterhaltung, wenn deren Erstattung alljährlich erfordert wird, die Vorbedingungen zur Annahme einer direkten Steuer als gegeben anzusehen sein möchten; denn es erscheint von vornherein unthunlich, den Beiträgen zur Herstellung und zur Unterhaltung der Straße einen völlig verschiedenen rechtlichen Charakter beizulegen; sollen aber beide gleich behandelt werden, so kann nur der einmalige Beitrag zur Herstellung ausschlaggebend sein, weil er sich entschieden als die Hauptsache darstellt, der die Beiträge zur Unterhaltung gewissermaßen als ein Anhang (Annexum) folgen. — Daß nun die alljährlich wiederkehrende Erhebung vom Gesetzgeber in der That bei den direkten Steuern als ein nothwendiges Erforderniß vorausgesetzt ist, erhellt auch zur Genüge aus dem Gesetze selbst, insbesondere aus den Bestimmungen der §§. 1, 5 u. 6; auf ihren Inhalt soll nicht näher eingegangen, sondern blos hervorgehoben werden, wie der Ausschluß der Nachforderung nach Ablauf des Kalender= bez. Etatsjahres sich wohl bei regelmäßig wiederkehrenden Leistungen rechtfertigen läßt, dagegen bei einer Abgabe, welche nur einmal zu entrichten ist, jeden inneren Grundes entbehren würde. Der §. 7 des Gesetzes gewährt demgemäß auch bei den indirekten Steuern für die Nachforderung die Frist eines vollen Jahres, vom Tage des Eintritts der Zahlungsverpflichtung an gerechnet. — Hiernach wäre die Einreihung der Anliegerbeiträge unter die indirekten Steuern eher möglich; dem würde auch insofern, als die Verpflichtung zur Zahlung durch die Errichtung eines Gebäudes auf dem angrenzenden

Zu §. 15.

Grundſtücke, alſo durch eine lediglich von der Entſchließung der Cenſiten abhängige Handlung entſteht, begrifflich nichts im Wege ſtehen; auf der anderen Seite haben aber die Anliegerbeiträge mit den im §. 2 aufgeführten indirekten Steuern kaum irgend eine Aehnlichkeit. Schon der Umſtand, daß §. 2, wie die Eingangsworte lehren, nur von ſolchen Abgaben handelt, welche bei Eintritt der Verpflichtung ſtets oder doch der Regel nach ſofort erhoben werden und wenigſtens nicht erſt einer Umlegung ſowie einer beſonderen Ausſchreibung bedürfen, deutet auf eine erhebliche Verſchiedenheit hin. Vor Allem aber kommt in Betracht, daß die Verpflichtung der Anlieger ihrem eigentlichen Grunde nach in dem Eigenthume an den die Straße begrenzenden Grundſtücken beruht; ſie wird freilich erſt wach, wenn der Eigenthümer ein Gebäude an der Straße errichtet; aber jene Verknüpfung der Laſt mit einem beſtimmten, zur Gemeinde gehörigen Grundſtücke iſt etwas dem Weſen der indirekten Steuer durchaus Fremdes, und völlig unvereinbar damit erſcheint der dingliche Charakter der Laſt, wie er doch nach Bem. 10 c. angenommen werden muß. — Es paßt daher weder §. 1 noch §. 2. Nun hat das O.V.G. in der E. v. 4. Januar 1889 II. 8 (P.V.Bl., Jhrg. X S. 293) allerdings angenommen, daß alle ſteuerartigen Gemeindeabgaben nach der im §. 14 des Geſetzes ausgeſprochenen Tendenz entweder unter §. 1 oder §. 2 gebracht werden müſſen; indeß kann dies nicht wohl dahin führen, einem der beiden Paragraphen auch ſolche Abgaben zu unterſtellen, welche ihrer rechtlichen Natur nach weder den direkten noch den indirekten Steuern im Sinne des Geſetzes gleichartig ſind; weit eher wird es gerechtfertigt erſcheinen, für derartige Abgaben den ſteuerartigen Charakter im Sinne des Geſetzes zu beſtreiten. An ſich mag ſonſt für den ſteuerartigen Charakter der Anliegerbeiträge die Art und Weiſe ſprechen, wie die Beiträge umgelegt und ausgeſchrieben werden; auf der anderen Seite iſt aber auch ſchon oben unter b. ausgeführt, daß die Anliegerbeiträge eine grundſätzliche Abweichung von den übrigen, als Steuer zu behandelnden Gemeindeabgaben aufweiſen. Der Miniſter des Innern bemerkt denn auch in dem angezogenen Erlaſſe v. 6. Juni 1888, den Steuern und steuerartigen Gefällen könne die Abgabe nicht ohne Weiteres zugerechnet werden. Der besonderen Eigenthümlichkeit der Last entspricht es jedenfalls am meisten, die Anwendung des Gesetzes von 1840 ganz auszuschließen. Dafür kann auch noch geltend gemacht werden, daß es immerhin das Naturgemäßeste bleibt, den drei im Gesetze neben einander gestellten Arten der Heranziehung — Herstellung der Straße, Ersatz der dafür aufzuwendenden Kosten und Beitrag zu den letzteren — denselben rechtlichen Charakter beizulegen, und daß der an erster Stelle genannten Art, welche auch an sich, so wenig sie für die Anlieger paßt, doch als die prinzipale anzusehen ist, zweifellos ein steuerartiger Charakter nicht beiwohnt. (O. V. G. E. Bd. V S. 98.)

Sollte dieser Ausweg nicht zulässig sein, so würde schließlich nur übrig bleiben, die fr. Beiträge als indirekte Steuern zu behandeln.

e. Nach dem Vorgange des Berliner Statutes (§. 7 Abs. 2) haben viele Gemeinden dem Anlieger in gewissen Fällen, namentlich dann, wenn sein Beitrag bei der Errichtung des Gebäudes noch nicht feststeht (entweder weil die Straße noch nicht ausgebaut oder weil die Rechnung noch nicht abgeschlossen ist), die Leistung einer Sicherheit für die Abgabe auferlegt. Das O. V. G. hat aber in feststehender Rechtsprechung eine Kautionsforderung nach öffentlichem Rechte für unzulässig erklärt, weil es an einem gesetzlichen Grunde für einen solchen, bei Gemeindeabgaben an sich nicht bestehenden und im Gesetze v. 2. Juli 1875 nicht vorgesehenen Anspruch fehlt. E. Bd. XV S. 157 ff. Dem ist der Minister des Innern in dem Erlasse v. 13. Dezember 1887 (M. Bl. S. 264) beigetreten.

Eine Sicherheitsleistung kann indeß, ohne als eine dem Anlieger auferlegte öffentlich rechtliche Last gefordert zu sein, von dem Betheiligten im Wege einer dem Gebiete des Civilrechts anheimfallenden Verpflichtung freiwillig übernommen werden. Es kommt dies insbesondere häufig gegenüber einem auf Grund des §. 12 erlassenen Bauverbote vor, indem die Errichtung von Ge=

Zu §. 15.

bäuden an unfertigen Straßen — sei es unter im Statute selbst festgestellten Bedingungen, sei es nach besonderen, im Einzelfalle von den städtischen Behörden zu treffenden Anordnungen — ausnahmsweise gestattet und dabei auch eine Kautionsbestellung für die eingegangenen Verbindlichkeiten verlangt wird. Hier ist die Sicherheitsleistung den Anliegern als ein Recht nachgelassen, um das ihnen entgegenstehende Bauverbot abzuwenden. Ebenso würde der Fall liegen, wenn die Abgabe bereits fällig geworden, dem Pflichtigen aber auf Grund besonderer Verabredung etwa Stundung, ratenweise Abzahlung ꝛc. gegen Kautionsleistung gewährt wäre (vgl. das Berliner Statut §. 8). Der Umstand, daß bestimmte Normen hierüber in das Statut aufgenommen sind, verleiht dem zwischen der Gemeinde und dem Anlieger aus solchen Abmachungen entstehenden Verhältnisse noch nicht ohne Weiteres einen öffentlich rechtlichen Charakter in dem Sinne, daß die Kautionsleistung als eine Gemeindelast behandelt werden könnte. Etwaige Streitigkeiten sind daher vor den Civilgerichten auszutragen. R. G. IV. Cf. E. v. 24. März 1881. P. V. Bl., Jhrg. III S. 348 u. v. 8. Juli 1886 Bd. XVII S. 200; O. V. G. E. Bd. XV S. 152, 163; v. 12. Oktober 1888 II. 973 u. v. 2. April 1889 II. 325.

f. Oefters ist von den Polizeibehörden der Versuch gemacht, die Erfüllung der den Anliegern obliegenden Leistungen oder deren vorgängige Sicherstellung durch Versagung des Baukonsenses oder durch Auferlegung von besonderen Bedingungen bei Ertheilung des Baukonsenses zu erzwingen. Einzelne Ortsstatute ordnen selbst ein derartiges Verfahren ausdrücklich an. Das O. V. G. ist dem stets entgegengetreten, da es weder nach allgemeinen Grundsätzen noch nach den besonderen Vorschriften unseres Gesetzes Aufgabe der Polizei ist, die einzelnen Gemeindeglieder zu ihren Verpflichtungen gegen die Gemeinde, welche nicht auf dem Gebiete des der Fürsorge der Polizei anvertrauten öffentlichen Rechtes liegen, mittelbar oder unmittelbar anzuhalten. E. Bd. IV S. 364; v. 18. November 1878 II. 1085 und v. 6. Februar 1879 II. 343. Soweit das Gesetz hier ein Einschreiten für zulässig

Zu §. 15.

und angemessen erachtet, finden sich die Voraussetzungen dafür in dem §. 12; darüber hinaus hat die polizeiliche Einwirkung keine Berechtigung.

11. Durchaus unklar bleibt nach dem Gesetze das Rechtsverhältniß des Unternehmers zu der Gemeinde. Das Gesetz behandelt die Anlieger und den oder die Unternehmer — ob die Straßenanlage von einer Person oder von einer Mehrzahl unternommen wird, macht rechtlich keinen Unterschied — im Wesentlichen gleich (Bem. 4 und 5 oben); danach sollte man annehmen, daß auch die Verpflichtung des Unternehmers den Charakter einer Gemeindelast trüge. Dem widerspricht aber einigermaßen das Wesen der Sache, welches an sich dahin führen würde, ein privatrechtliches Verhältniß als gegeben anzusehen. Unter diesen Umständen wird nichts Anderes übrig bleiben, als in jedem einzelnen Falle zu prüfen, wie das Verhältniß durch das maßgebende Ortsstatut geregelt ist. Gegenüber dem Gesetze muß es jedenfalls gestattet sein, den Verpflichtungen des Unternehmers den Charakter einer öffentlich rechtlichen Last aufzuprägen und insbesondere zu bestimmen, daß bei Nichterfüllung der Verpflichtungen im Wege des Verwaltungszwangsverfahrens gegen den Unternehmer vorgegangen werden könne, (vgl. das Berliner Statut §§. 10, 13, 15). Es bedarf aber kaum einer dahin gehenden ausdrücklichen Anordnung im Statute; da das Gesetz selbst die Verpflichtung des Unternehmers in das Gebiet des öffentlichen Rechts aufnimmt, bleibt es hierbei, solange das Statut nicht etwas Gegentheiliges vorschreibt. Letzteres würde nicht ausgeschlossen sein; die Gemeinde kann auf die ihr aus der öffentlich rechtlichen Natur der Last erwachsenden Vortheile verzichten und das Verhältniß zu dem Unternehmer als ein wesentlich privatrechtliches gestalten. Je nachdem die Regelung in der einen oder anderen Weise erfolgt ist, wird die Behandlung etwaiger Streitigkeiten eine verschiedene sein müssen. Das R. G. V. Cs. hat am 10. Oktober 1888, (P. B. Bl., Jhrg. X S. 233) einen Fall entschieden, in welchem die Stadtgemeinde einen Unternehmer auf Fertigstellung der Straße, zu welcher er sich nicht verpflichtet erachtete, im Rechtswege belangt hatte; es wurde die von dem

Zu §. 15.

Vorderrichter getroffene thatsächliche Feststellung, daß ein Vertrag zwischen Gemeinde und Unternehmer nicht abgeschlossen sei, für unanfechtbar erklärt und weiter angenommen, die Stadtgemeinde lege ihrem Anspruche nur das Ortsstatut zu Grunde, auf dessen Bestimmungen der Unternehmer bei der ihm von der Gemeinde ertheilten Erlaubniß zur Straßenanlage verwiesen war. Bei dieser Sachlage erkannte das R. G. zwar die Zuständigkeit der Civilgerichte an, wies aber die Klage ab, weil von dem Unternehmer eine Verpflichtung, die im Ortsstatute aufgestellten Bedingungen zu erfüllen, nicht übernommen sei. Auf die verschiedenen Bedenken, welche sich nicht blos gegen einzelne Ausführungen, sondern auch gegen das Ergebniß dieser Entscheidung erheben lassen möchten, soll nicht eingegangen werden; es genügt hervorzuheben, in welche mißliche Lage die Gemeinden gerathen können, wenn das Verhältniß nicht von vornherein klar geregelt wird. Soll es auf eine privatrechtliche Grundlage gestellt werden, so empfiehlt es sich, dem durch Abschluß eines Vertrages Rechnung zu tragen. Ist dagegen durch Statut ein öffentlich rechtliches Verhältniß geschaffen, so wird man schließlich nicht umhin können, das Vorhandensein einer Gemeindelast im Sinne des §. 18 Nr. 2 und §. 34 Nr. 2 des Zuständigkeitsgesetzes anzuerkennen; das mag auf den ersten Blick befremdlich erscheinen, ist aber nur eine Folge der unnatürlichen Verbindung, in welche das Gesetz die Pflicht des Unternehmers und der Anlieger gebracht hat. Naturalleistungen ähnlicher Art, welche zweifellos unter den Begriff der „Gemeindelasten" fallen, kommen übrigens auch sonst, namentlich auf dem Gebiete des Wegewesens vor; sie unterscheiden sich freilich wesentlich dadurch, daß sie entweder allen Gemeindegliedern oder wenigstens bestimmten Klassen derselben obliegen; indeß ist dies an sich kein nothwendiges Erforderniß für die Annahme einer Gemeindelast, wie sich bei denjenigen Gemeindeabgaben zeigt, welche in Form einer indirekten Steuer erhoben werden. Trotzdem soll nicht verkannt werden, daß die Behandlung der fr. Verpflichtung als Gemeindelast großen Bedenken unterliegt; sie dürfte aber immerhin noch demjenigen Rechtszustande vorzuziehen sein, welcher sich ergeben würde, wenn als Basis der Verpflichtung ein öffentlich rechtliches, dem Verwaltungszwangsverfahren unterworfenes Verhältniß angenommen, zugleich aber demselben die Eigenschaft einer Gemeindelast abgesprochen wird. Dann wäre die Zuständigkeit der Verwaltungsgerichte ausgeschlossen und bliebe nur die Möglichkeit, für berufen zur Entscheidung etwaiger Streitigkeiten entweder ausschließlich die Kommunalaufsichtsbehörden oder neben diesen auch die Civilgerichte zu erklären. Beides ständе in offenbarem Widerspruche mit denjenigen Grundsätzen, welche für die Abgrenzung der Zuständigkeit auf diesem Gebiete maßgebend gewesen sind; vor Allem erscheint ein Eingreifen der Civilgerichte, wie es in jenem oben erwähnten Falle stattgefunden hat, mit der Tendenz der neueren Gesetzgebung nicht wohl vereinbar.

Daß die Verpflichtung des Unternehmers nicht den Bestimmungen des Gesetzes über die Verjährungsfristen v. 18. Juni 1840 unterworfen ist, bedarf keines weiteren Beweises; hier ist ohne Frage die Herstellung der Straße, also eine Naturalleistung als dasjenige anzusehen, was über den Charakter der Pflicht entscheidet.

Zu §. 16.

Der §. 16 ist zwar nicht ausdrücklich aufgehoben, aber seinem Inhalte nach durch die Bestimmungen der neueren Gesetzgebung vollständig ersetzt. Daß gegen die Beschlüsse des Kreisausschusses die Beschwerde an den Bezirksausschuß gegeben ist, würde auch beim Mangel der Vorschrift im §. 16 aus §. 121 (vgl. auch §. 153) des Landesverwaltungsgesetzes folgen. Die in den Absätzen 1 und 2 normirte Frist von 21 Tagen bez. einer Woche beträgt gegenwärtig zwei Wochen (§. 51 a. a. O.); an sich hatte freilich die kürzere Frist des Absatzes 2 ihre volle Berechtigung; man fühlte aber das dringende Bedürfniß, soweit thunlich für alle Fristen eine gleiche Zeitdauer vorzuschreiben, und sah daher auch hier von einer Ausnahme ab. Die präklusivische Eigenschaft der Frist von zwei Wochen ist ebenfalls durch §. 52 des Landesverwaltungsgesetzes vorgesehen.

Zu §§. 16—18.

Zu den „Betheiligten" gehören der Gemeindevorstand, die Ortspolizeibehörde, die etwa sonst in das Verfahren eingetretenen Behörden (§. 6) und alle übrigen Interessenten, welche Einwendungen gegen den Plan erhoben hatten. Daß solche Behörden oder Personen, welche in erster Instanz am Verfahren nicht betheiligt waren, auch keine Beschwerde erheben können, folgt aus der präklusivischen Natur der für die Anbringung von Einwendungen im §. 7 vorgeschriebenen Frist. Eine Ausnahme hiervon möchte nur etwa dann zuzulassen sein, wenn die Beschlußbehörde erster Instanz den Plan wesentlich umgestaltet hat (vgl. Bem. 2 zu §. 8); hier kann sich die Sachlage so gestalten, daß Interessenten, welche mit dem ursprüglichen Plane einverstanden waren, nunmehr allen Grund zur Beschwerde haben; sie damit auszuschließen, würde der Billigkeit zuwiderlaufen und wird auch durch §. 7 wohl nicht geboten.

Zu den §§. 17 und 18.

Diese beiden Paragraphen sind durch §. 146 des Zuständigkeitsgesetzes v. 1. August 1883 aufgehoben. Die Behörden-Organisation ist nunmehr, wie bereits am Schlusse der Einleitung angegeben, in folgender Weise geregelt:

für ländliche Ortschaften und die zu einem Landkreise gehörigen Städte mit einer Einwohnerzahl bis zu 10 000 Seelen beschließt in erster Instanz der Kreisausschuß, in zweiter Instanz der Bezirksausschuß,

für die zu einem Landkreise gehörigen Städte mit mehr als 10 000 Einwohnern und für Stadtkreise beschließt in erster Instanz der Bezirksausschuß, in zweiter Instanz der Provinzialrath,

für den Stadtkreis Berlin beschließt in den Fällen der §§. 5, 8 und 9 der Minister der öffentlichen Arbeiten, in den Fällen der §§. 12 und 15 der Minister des Innern.

Hiermit ist auch die Ungleichheit beseitigt, welche früher darin lag, daß nach §. 17 bei Stadtkreisen an sich nur eine Instanz

Zu §§. 17, 18 u. 20.

(der Provinzialrath) bestand und lediglich der Gemeinde das Recht gegeben war, als höhere Instanz noch den Minister anzurufen.

Zu §. 20.

An die Stelle des Ministers für Handel ist der Minister der öffentlichen Arbeiten getreten. Allerh. Erlaß v. 7. August 1878 (G.S. 1879 S. 25).

Anlagen.

Vorschriften für die Aufstellung von Fluchtlinien- und Bebauungsplänen vom 28. Mai 1876.

(Ministerialblatt S. 171.)

---

143) **Vorschriften für die Aufstellung von Fluchtlinien- und Bebauungs-Plänen, vom 28. Mai 1876.**

Auf Grund des §. 20 des Gesetzes, betreffend die Anlegung von Straßen und Plätzen in Städten und ländlichen Ortschaften, vom 2. Juli 1875 (Ges.-Samml. S. 561 ff.) werden zur Herbeiführung eines zweckentsprechenden und möglichst gleichförmigen Verfahrens bei Festsetzung von Fluchtlinien, sowie zur Beschaffung genügender Grundlagen für die Beurtheilung der Zweckmäßigkeit der beabsichtigten Fluchtlinien-Festsetzung nachstehende Ausführungs-Vorschriften erlassen.

Allgemeine Bestimmungen.

§. 1. Für die Festsetzung von Fluchtlinien (§§. 1—4 des Gesetzes vom 2. Juli 1875) sind der Regel nach und so weit nicht nachstehend (§. 13) Ausnahme-Bestimmungen getroffen werden, folgende Vorlagen zu machen:

I. Situations-Pläne, und zwar

a. Fluchtlinien-Pläne, sofern es um die Festsetzung von Fluchtlinien bei Anlegung oder Veränderung von einzelnen Straßen oder Straßentheilen sich handelt,

b. Bebauungs=Pläne, sofern es um die Festsetzung von Flucht=
linien für größere Grundflächen und ganze Ortstheile sich
handelt,
c. Uebersichts=Pläne.

    II. Höhen=Angaben. Hierunter werden verstanden:
a. Längen=Profile,
b. Quer=Profile,
c. Horizontal=Kurven und Höhen=Zahlen in den Situations=
Plänen.

    III. Erläuternde Schriftstücke:

§. 2. Diese Vorlagen sollen:
    A. den gegenwärtigen Zustand,
    B. den Zustand, welcher durch die nach Maßgabe der beab=
sichtigten Fluchtlinien=Festsetzung erfolgende Anlegung
von Straßen und Plätzen herbeigeführt werden soll,
klar und bestimmt darstellen. Dieselben müssen durch einen ver=
eidigten Feldmesser aufgenommen oder als richtig bescheinigt und
durch einen geprüften Baumeister oder einen im Kommunaldienste
angestellten Baubeamten, durch welche die Richtigkeit der Aufnahme
gleichfalls bescheinigt werden kann, mindestens unter der Mit=
wirkung eines solchen bearbeitet und dem entsprechend unterschriftlich
vollzogen sein.

A. Darstellung des gegenwärtigen Zustandes.

I. Situations=Pläne.

§. 3. Der Maßstab, in welchem die Situations=Pläne (Flucht=
linien= und Bebauungs=Pläne) entworfen werden, darf in der
Regel nicht kleiner sein, als 1:1000. Zusammenhängende Straßen=
züge sind im Zusammenhange zur Darstellung zu bringen. Er=
halten in Folge dessen größere Bebauungspläne eine für ihre
Benutzung unbequeme Ausdehnung (§. 12), so darf für dieselben
zwar ein kleinerer Maßstab, bis 1:2500, angewendet werden, es
ist in diesem Falle aber für jede Straße, deren Fluchtlinien fest=
gesetzt werden sollen, ein besonderer Fluchtlinien=Plan im Maß=
stabe von mindestens 1:1000 beizubringen.

Jedes Projekt erfordert die Beifügung eines Uebersichts=
Planes, für welchen ein vorhandener gedruckter oder gezeichneter
Plan oder auch ein Auszug aus einem solchen verwendet werden kann.

§. 4. Durch die Situations=Pläne soll das in Betracht zu
ziehende Terrain mit seinen Umgebungen in solcher Ausdehnung
dargestellt werden, daß die im Interesse des Verkehrs, der Feuer=
sicherheit und der öffentlichen Gesundheit zu stellenden Anforde=

rungen (§. 3 des Gesetzes vom 2. Juli 1875) ausreichend beurtheilt werden können.

Alle vorhandenen Baulichkeiten, Straßen, Wege, Höfe, Gärten, Brunnen, offene und verdeckte Abwässerungen ꝛc., ferner alle Gemarkungs=, Besitzstands= und Kulturgrenzen müssen in den Plänen mit schwarzen Linien dargestellt und, soweit es zur Deutlichkeit erforderlich, mit charakterisirenden Farben, jedoch nur blaß angelegt sein. In die Situations=Pläne sind ferner die Nummern oder sonstigen Bezeichnungen, welche die einzelnen Grundstücke im Grundbuche, beziehungsweise, wo Grundbücher nicht vorhanden sind, im Grundsteuer=Kataster führen und die Namen der Eigenthümer einzuschreiben.

Die auf den gegenwärtigen Zustand bezüglichen Schriftzeichen und Zahlen sind schwarz zu schreiben. Jeder Plan ist mit der geographischen Nordlinie und einem Maßstabe zu versehen.

II. Höhen=Angaben.

§. 5. Die Höhen=Angaben müssen sich auf einen speziell zu bezeichnenden, möglichst allgemein bekannten festen Punkt, etwa auf den Nullpunkt eines in der Nähe befindlichen Pegels, am besten auf den Nullpunkt des Amsterdamer Pegels beziehen und ausschließlich in positiven Zahlen erscheinen.

Von jeder in einem Fluchtlinien= oder Bebauungs=Plan projektirten Straße ist, insoweit nicht nach den Ausnahme=Bestimmungen des §. 13 davon abgesehen werden darf, ein Längen=Profil im Längen=Maßstabe des dazu gehörigen Situations=Planes und im Höhen=Maßstabe von 1:100 beizubringen.

Die Linie des in der Regel durch die Mitte des Straßendammes zu legenden und in Stationen von je 100 m. Länge mit den erforderlichen Zwischen=Stationen von mindestens je 50 m. Entfernung einzutheilenden Nivellements=Zuges ist mit ihrer Stationirung in den zugehörigen Situations=Plänen roth punktirt anzugeben.

Wo erhebliche Aenderungen in der Terrain=Oberfläche in Aussicht genommen werden, oder wo nahe liegende Gebäude, Mauern, abgehende Wege ꝛc. eine besondere Berücksichtigung verlangen, sind Quer=Profile aufzunehmen. Diese sind in einem Maßstabe, der nicht kleiner als 1:250 sein darf, zu zeichnen und zur Numerirung, sowie zu den Ordinaten des Längen=Profils übersichtlich in Beziehung zu bringen. Sind dieselben nicht rechtwinklig zum Haupt=Nivellement aufgenommen, so ist ihre Lage auch im Situations=Plane anzugeben.

In den Bebauungs=Plänen ist außerdem bei hügeligem oder

gebirgigem Terrain auf Grund eines Nivellements-Netzes die Gestaltung der Terrain-Oberfläche durch Horizontal-Kurven in Höhen-Abständen von je 1 m. bis 5 m. mittelst schwarz punktirter Linien und beigeschriebenen Höhenzahlen übersichtlich darzustellen.

Alle Höhenzahlen werden in Metern angegeben und auf zwei Dezimalstellen abgerundet.

§. 6. Aus den Höhen-Angaben muß die Höhenlage sowohl der vorhandenen Straßen und Wege, als auch ihrer Umgebungen in solcher Ausdehnung hervorgehen, daß die Forderungen des Verkehrs und der zukünftigen Entwässerung, nicht minder die Bedingungen einer etwaigen späteren Fortsetzung vollständig beurtheilt werden können.

Die höchsten und niedrigsten Stände aller Gewässer, welche auf die projektirten Anlagen von Einfluß sein können, sowie vorhandene Fachbäume und Pegel, insbesondere die Grundwasserstände, soweit deren Ermittelung bereits ausgeführt ist, oder im speziellen Falle nothwendig erscheint, die Tiefen der etwa vorkommenden Moore oder sonstiger, die Straßen-Anlegung benachtheiligender Bodenschichten, die Thürschwellen der vorhandenen Gebäude, die Schienenhöhe nahe liegender Eisenbahnen ɾc., ebenso alle Festpunkte, an welche das Nivellement angeschlossen worden, müssen in den Profilen vollständig bezeichnet sein. In denselben werden die Wasserspiegel blau ausgezogen und beschrieben, dagegen alle sonstigen bestehenden Gegenstände, nicht minder die Ordinaten in schwarzer Farbe und Schrift angegeben, die Terrain-Linien braun unterwaschen, die Bodenschichten mit charakterisirenden Farben angelegt.

B. Darstellung des Zustandes, welcher durch die nach Maßgabe der beabsichtigten Fluchtlinien-Festsetzung erfolgte Anlegung von Straßen und Plätzen herbeigeführt werden soll.

Allgemeines.

§. 7. Die Aufstellung der Projekte bedingt eine sorgfältige Erwägung der gegenwärtig vorhandenen, sowie des in der näheren Zukunft voraussichtlich eintretenden öffentlichen Bedürfnisses unter besonderer Berücksichtigung der in dem §. 3 des Gesetzes vom 2. Juli 1875 hervorgehobenen Gesichtspunkte.

Im Interesse der Förderung der öffentlichen Gesundheit und Feuersicherheit ist auch auf eine zweckmäßige Vertheilung der öffentlichen Plätze sowie der Brunnen Bedacht zu nehmen.

Betreffs der Straßenbreiten empfiehlt es sich, bei neuen Straßen-

Anlagen die Grenzen, über welche hinaus die Bebauung ausgeschlossen ist,

    a. bei Straßen, welche als Hauptadern des Verkehrs die Entwickelung eines lebhaften und durchgehenden Verkehrs erwarten lassen, nicht unter 30 m.,

    b. bei Nebenverkehrs=Straßen von beträchtlicher Länge nicht unter 20 m.,

    c. bei allen anderen Straßen nicht unter 12 m.

anzunehmen.

Bei den unter a. und b. bezeichneten Straßen ist ein Längen=Gefälle von nicht mehr als 1:50, bez. von 1:40, bei Rinnsteinen ein solches von nicht weniger als 1:200 nach Möglichkeit anzustreben.

Besonderes.

I. Situations=Pläne.

§. 8. Die anzulegenden oder zu verändernden Straßen und Plätze sind in dem Uebersichts=Plane mit rother Farbe deutlich zu bezeichnen.

In die Situations=Pläne sind die projektirten Bau=Fluchtlinien mit kräftigen zinnoberrothen Strichen einzutragen. Fallen dieselben mit den Straßen=Fluchtlinien nicht zusammen, so sind die letztern mit minder kräftigen Strichen auszuziehen und ist der Raum zwischen beiden blaßgrün anzulegen. Die projektirten Rinnsteine werden durch scharfe dunkelblaue Linien, verdeckte Abwässerungen punktirt, unter Bezeichnung der Gefäll=Richtung mittelst blauer Pfeile, angedeutet, die Straßen und öffentliche Plätze blaßroth, diejenigen Straßenseiten, welche nicht bebaut werden sollen, grün angelegt. Vorhandene Gebäude oder Theile derselben, welche bei der späteren nach Maßgabe der Fluchtlinien=Festsetzung erfolgenden Freilegung nicht beseitigt zu werden brauchen, sind in ihren charakterisirenden Farben dunkler anzulegen, als die abzubrechenden.

Die Namen, Nummern oder sonstigen Bezeichnungen der projektirten Straßen und Plätze, ingleichen die Breiten derselben werden mit zinnoberrothen Schriftzeichen und Zahlen in die Situations=Pläne eingeschrieben.

II. Höhen=Angaben.

§. 9. In den Längen=Profilen werden die projektirten Höhenlagen der Straßenzüge, speziell die Kronen=Linien der künftigen Straßenbefestigung mit zinnoberrothen Linien ausgezogen und die Aufträge blaßroth, die Abträge grau angelegt. In dieselben sind ferner die Brücken, Durchläſſe, unterirdiſchen Waſſerabzüge ꝛc. unter Angabe der lichten Weiten und Höhen einzutragen.

An allen Brechpunkten der Gefälle, an ſämmtlichen Kreuzungs= oder Abzweigungspunkten von Straßen und an ſonſt charakteriſtiſchen Stellen werden die betreffenden Ordinaten zinnoberroth ausgezogen und mit den zugehörigen Zahlen ebenſo beſchrieben. Dagegen erhalten die auf die Abwäſſerung bezüglichen Höhenzahlen die blaue Farbe.

Die Längen der Straßenzüge von einem Brechpunkte des Gefälles bis zum nächſtfolgenden werden, zuſammen mit der Verhältnißzahl des Gefälles in zinnoberrother Farbe über das Profil, die Namen, Nummern oder ſonſtigen Bezeichnungen der Straßen, übereinſtimmend mit dem Situations=Plane, über oder unter dasſelbe geſchrieben.

Wenn zu einem Situations=Plane mehrere Längen=Profile gehören, ſo iſt auf eine deutliche und übereinſtimmende Bezeichnung der Anſchlußpunkte unter ſchärferer Hervorhebung der Anſchluß=Ordinate zu achten.

§. 10. Von jeder Straße, deren Fluchtlinien feſtgeſetzt werden ſollen, ſind mindeſtens ſo viele Quer=Profile zu entwerfen, wie dieſelbe von einander abweichende Breiten erhält. Wo die im §. 5 angegebenen beſonderen Verhältniſſe obwalten, ſind die Quer=Profile entſprechend zu vermehren und zu erweitern.

Die graphiſche Behandlung der Quer=Profile entſpricht derjenigen der Längen=Profile.

III. Erläuternde Schriftſtücke.

§. 11. Den Fluchtlinien= und Bebauungs=Plänen ſind ſchriftliche Erläuterungen beizufügen, in welchen unter Darlegung der bisherigen Beſchaffenheit, Benutzungs=Art und Entwäſſerung des zu bebauenden Terrains und der Veranlaſſung zur Aufſtellung des Projekts die bezüglich der Lage, Breite und ſonſtigen Einrichtung der Straßen, der Entwäſſerung derſelben ꝛc. beabſichtigten Anordnungen zu beſchreiben und, wo es erforderlich iſt, eingehend zu motiviren ſind.

Dem Erläuterungs=Bericht ſind beizufügen:

1) Ein Straßen=Verzeichniß, d. i. eine tabellariſch geordnete Ueberſicht der Straßen und Plätze, welche verändert, verlängert oder neu angelegt werden ſollen.

In das Verzeichniß ſind aufzunehmen:

  a. die Namen, Nummern oder ſonſtigen Bezeichnungen,
  b. die Breiten jeder Straße zwiſchen den Bauflucht= bez. den Straßen=Fluchtlinien,

Anlagen.

c. die Gefäll-Verhältnisse und Längen-Ausdehnung der Straßen nach ihren verschiedenartigen Abschnitten und im Ganzen.

2) Ein **Vermessungs-Register** des von der Festsetzung der neuen Fluchtlinien betroffenen Grundeigenthums.

Dasselbe muß gleichfalls tabellarisch geordnet, unter angemessener Bezugnahme auf den Situations-Plan und das Straßenverzeichniß enthalten:

 a. den Namen, Wohnort ꝛc. des betheiligten Eigenthümers,
 b. die Nummer oder sonstige Bezeichnung, welche das Grundstück im Grundbuche bez. im Grund-Steuerkataster führt,
 c. die Größe der zu Straßen und Plätzen für den öffentlichen Verkehr abzutretenden Grundflächen,
 d. deren Benutzungsart,
 e. die Bezeichnung und Beschreibung der vorhandenen Gebäude oder Gebäudetheile, welche von einer Straßen- oder Bau-Fluchtlinie getroffen werden oder sonst zur Freilegung derselben beseitigt werden müssen,
 f. die Größe der Restgrundstücke,
 g. die Angabe, ob dieselben nach den baupolizeilichen Vorschriften des Orts noch zur Bebauung geeignet bleiben oder nicht.

§. 12. Die Zeichnungen und Schriftstücke sind nicht gerollt, vielmehr in einer Mappe oder in aktenmäßigem Formate zur Vorlage zu bringen. Den einzelnen Plänen, welche auf Leinwand zu ziehen, mindestens aber mit Band einzufassen sind, ist kein größeres Format, als dasjenige von 0,50 zu 0,66 m. zu geben, und sind dieselben erforderlichen Falls klappenartig aneinander zu fügen.

Ausnahme-Bestimmungen.

§. 13. Die beizubringenden Vorlagen können auf einen Situations-Plan mit den erforderlichen Erläuterungen beschränkt bleiben:

 a. bei einer einfachen Regulirung oder Veränderung vorhandener Straßen, mit der eine Veränderung in der Höhenlage des Straßendammes nicht verbunden ist,
 b. bei einer nicht erheblichen Erweiterung ländlicher Ortschaften und kleiner Städte, die nicht in unmittelbarer Nähe großer Städte liegen, sofern die Erweiterung nicht zu größeren Fabrikanlagen, zu Eisenbahnhöfen, Begräbnißstätten oder sonstigen Anlagen, die auf die Feuersicherheit, die Verkehrsverhältnisse und die öffentliche Gesundheit von Einfluß sein können, in Beziehung stehen,

c. bei einer Fluchtlinien=Festsetzung, die wegen besonderer Dringlichkeit schleunig zu erfolgen hat, und für die nach dem übereinstimmenden Urtheile des Vorstandes und der Vertretung der Gemeinde, sowie der Ortspolizei=Behörde die Beibringung ausführlicherer Vorlagen entbehrlich erscheint.

Außerdem bleibt es derjenigen Behörde, welche zunächst über die Fluchtlinien=Festsetzung zu befinden hat, vorbehalten, in sonstigen besonders motivirten Fällen die Vereinfachung der Vorlagen ausnahmsweise für zulässig zu erklären und zu bestimmen, welche Theile der vorstehenden Vorschriften (§§. 1—12) unausgeführt bleiben dürfen.

In allen diesen Ausnahmefällen einschließlich der unter a., b. und c. aufgeführten kann von den Behörden, die über die Fluchtlinien=Festsetzung nach dem Gesetze vom 2. Juli 1875 zu beschließen haben, in jedem Stadium des Verfahrens die weitere Vervollständigung der Vorlagen nach Maßgabe der in den §§. 1—12 gegebenen Vorschriften gefordert werden.

Berlin, den 28. Mai 1876.

Der Minister für Handel, Gewerbe ꝛc.

Dr. Achenbach.

Orts-Statut I für Berlin.

Auf Grund des §. 11 der Städte-Ordnung vom 30. Mai 1853 und des §. 12 des Gesetzes vom 2. Juli 1875 (Gesetzsammlung S. 561) wird für den hiesigen Gemeindebezirk Folgendes bestimmt:

§. 1.

Wohngebäude dürfen an Straßen oder Straßentheilen, nach welchen sie einen Ausgang haben, nur errichtet werden, wenn diese Straßen oder Straßentheile den baupolizeilichen Vorschriften gemäß befestigt, entwässert und mindestens mittelst einer regulirten Straße zugänglich sind.

§. 2.

Ausnahmen in Einzelfällen mit Rücksicht auf Umfang, Bestimmung, örtliche Lage ꝛc. der beabsichtigten Bauten können vorbehaltlich der Zustimmung der Baupolizeibehörde von der städtischen Bauverwaltung bewilligt werden.

Berlin, den 8. Oktober 1875.

Magistrat hiesiger Königl. Haupt- und Residenzstadt.

gez. Hobrecht.

Vorstehendes Orts-Statut wird auf Grund der §§. 12 und 18 des Gesetzes vom 2. Juli d. J., betreffend die Anlegung und Veränderung von Straßen und Plätzen in Städten und ländlichen Ortschaften (G.-S. S. 561) hierdurch bestätigt.

Berlin, den 19. November 1875.

Der Minister des Innern.

gez. Graf Eulenburg.

Orts-Statut II für Berlin.

Auf Grund des §. 11 der Städte-Ordnung vom 30. Mai 1853 und des §. 15 des Gesetzes vom 2. Juli 1875 (Ges.-S. S. 561) wird für den hiesigen Gemeindebezirk Folgendes bestimmt:

A. Anlage neuer Straßen durch die Stadtgemeinde.

1. Verpflichtung der Adjacenten zur Erstattung der Anlagekosten.

§. 1.

Bei der seitens der Stadtgemeinde erfolgenden Anlage einer neuen, oder bei der Verlängerung einer schon bestehenden Straße, welche zur Bebauung bestimmt ist, sind die Besitzer der angrenzenden Grundstücke, sobald auf denselben Gebäude an diesen Straßen errichtet werden, verpflichtet, der Stadtgemeinde diejenigen Kosten zu erstatten, welche ihr für die Freilegung, erste Einrichtung, Pflasterung und Entwässerung der Straße erwachsen.

§. 2.

Zu den Kosten der Freilegung gehören auch die Kosten der Erwerbung des Grund und Bodens der Straße einschließlich des Bürgersteiges.

Ist das Straßenland zum Theil unentgeltlich von angrenzenden Grundstücken abgetreten worden, so wird behufs Feststellung des auf die einzelnen adjacirenden Grundstücke entfallenden Antheils an den Grunderwerbskosten das unentgeltlich abgetretene Terrain mit dem vom Magistrat, unter Berücksichtigung des Preises des entgeltlich erworbenen Terrains, festgestellten Werthe bei der Ermittelung der Gesammtkosten in Rechnung gestellt, demnächst aber denjenigen Adjacenten auf ihren Beitrag zu den Gesammtkosten in Abzug gebracht, von deren Grundstücken das Straßenland unentgeltlich abgetreten ist.

Anlagen. 145

§. 3.

Zu den Kosten der ersten Einrichtung und Pflasterung gehören insbesondere auch diejenigen der Herstellung des Anschlusses an Nebenstraßen, sowie der Ueberfahrts- und Uebertrittsbrücken.

Als Kosten des zur ersten Pflasterung verwendeten Materials incl. Arbeitslohn wird ein alljährlich durch Kommunalbeschluß pro Quadrat-Meter festzustellender Preis in Rechnung gestellt. Derselbe soll für Haupt- und Nebenstraßen verschieden sein und den Preis der nach Kommunal-Beschluß für derartige Straßen zulässigen geringsten Qualität Pflaster nicht übersteigen.

Ob eine Straße als Haupt- oder Nebenstraße zu erachten, wird durch den Magistrat festgestellt.

Die Kosten der Herstellung von Promenaden, Baum- und anderen Pflanzungen sind nicht zu erstatten.

2. Feststellung und Vertheilung der Anlagekosten auf die zur Erstattung Verpflichteten.

§. 4.

Für Vertheilung der Gesammtkosten gilt derjenige zusammenhängende Straßentheil als Einheit, dessen Regulirung zu derselben Zeit erfolgt ist.

§. 5.

Bei Straßen von mehr als 26 Metern Breite ist von den Kosten der Gesammtanlage ein, nach dem Verhältniß von 26 Metern zu der Gesammtbreite der Straßen berechneter Beitrag von den Adjacenten zu erstatten, der Ueberrest fällt der Stadtgemeinde zur Last.

§. 6.

Der nach §§. 1—5 zur Einziehung gelangende Betrag wird durch den Magistrat vorbehaltlich des Beschwerdeweges endgültig festgestellt und auf die angrenzenden Grundstücke nach Verhältniß der Länge ihrer, die Straße berührenden Grenze vertheilt.

§. 7.

Die Zahlung der nach §§. 1—6 zu leistenden Beiträge hat gegen Ertheilung der Bauerlaubniß zur Errichtung von Gebäuden an neuen Straßen resp. Straßentheilen zu erfolgen.

Steht zur Zeit der Ertheilung derselben der Beitrag des betreffenden Adjacenten noch nicht fest, so ist von demselben, sofern es der Magistrat für erforderlich und angemessen erachtet, eine von Letzterem der Höhe nach zu bestimmende Kaution in baarem Gelde oder in depositalmäßigen Papieren zu bestellen, aus welcher die Tilgung des demnächst ermittelten Beitrags in erster Linie erfolgt. Für den etwaigen Ueberrest bleibt das Grundstück verhaftet.

§. 8.

Der Magistrat ist befugt, mit Rücksicht auf die Vermögenslage der Zahlungspflichtigen für die Entrichtung der Beiträge Ratenzahlung oder Zahlungsfrist bis zu höchstens 2 Jahren von der Fälligkeit ab zu bewilligen.

B. Anlagen und Unterhaltung neuer, im Bebauungsplan festgestellter Straßen durch Unternehmer oder Adjacenten.

1. Anlage der Straßen.

§. 9.

Wenn Unternehmer oder Adjacenten eine im Bebauungsplan festgestellte Straße oder einen Theil einer solchen anlegen wollen, so ist die Genehmigung dazu bei dem Magistrat nachzusuchen, abgesehen von der außerdem erforderlichen Genehmigung der Baupolizei.

Zu dem Behufe ist ein Situationsplan und ein Nivellementsplan derselben, aus welchen insbesondere auch der Anschluß der herzustellenden Entwässerungsanlagen an die bestehenden öffentlichen Anlagen ersichtlich ist, und zwar in je 5 Exemplaren einzureichen.

Den Unternehmern ꝛc. stehen für die Ausarbeitung der betreffenden Pläne die bei dem Magistrat befindlichen einschlagenden Materialien zur Benutzung auf ihre Kosten durch ihre Sachverständigen offen, soweit das Verwaltungsinteresse es gestattet.

Der Situationsplan muß die in die Straße fallenden und an dieselbe angrenzenden Grundstücke bis auf 30 Meter Entfernung von den Straßenfluchtlinien, deren Grundbuch-Bezeichnung und Besitzer ersichtlich machen.

Die Genehmigung kann nur versagt werden, wenn Gründe des öffentlichen Interesses der Herstellung der Straße entgegenstehen.

Die betreffenden Gründe sind in dem Versagungs-Bescheide anzugeben.

§. 10.

Erklären sich die Unternehmer resp. Adjacenten zur Ausführung der Straßenanlage gemäß der ertheilten Genehmigung bereit, oder nehmen sie die Ausführung thatsächlich in Angriff, so sind sie verpflichtet, die Straßenanlage innerhab der in der Genehmigung gestellten Frist zu vollenden, widrigenfalls die erforderlichen Arbeiten von der Stadtgemeinde für Rechnung der Unternehmer resp. Adjacenten ausgeführt werden können. Das zur Straßenanlage erforderliche Terrain ist vor Beginn der Arbeiten zur Herstellung derselben an die Stadtgemeinde zu übereignen und auf deren Verlangen pfandfrei zu stellen.

Ob die Herstellung bedingungsmäßig erfolgt ist, entscheidet der Magistrat, bei welchem die Abnahme, abgesehen von der baupolizeilichen Abnahme, beantragt werden muß.

2. Unterhaltung.

§. 11.

Die Unterhaltung der gemäß §. 9 ff. angelegten Straßen geht, sobald dieselben bedingungsmäßig hergestellt sind, auf die Stadtgemeinde über, dagegen haben die Unternehmer resp. Adjacenten — letztere soweit sie nach diesem Statute zu den Kosten der neuen Straßenanlage beitragspflichtig sind, — entweder

    a) die Kosten dieser Unterhaltung oder
    b) einen alljährlich durch Kommunalbeschluß festzusetzenden Beitrag zu denselben

bis zum Ablauf des auf das Jahr des Beginnes der Unterhaltung folgenden vierten Kalenderjahres zu tragen.

In dem Falle a. wird der Betrag der Kosten durch den Magistrat definitiv festgestellt.

Die Kosten der Unterhaltung oder der Beiträge zu diesen werden erforderlichen Falls im Wege der administrativen Exekution eingezogen.

§. 12.

Es soll gestattet sein, die im §. 11 auferlegte Unterhaltungspflicht durch Zahlung eines Kapitals abzulösen, welches nach dem Flächen-Inhalte der zu unterhaltenden Straßenstrecke und nach dem pro Quadrat-Meter alljährlich durch Kommunal-Beschluß festzustellenden Einheitssatze zu berechnen ist.

C. Anlage neuer, im Bebauungsplane noch nicht festgestellter Straßen durch Unternehmer.

§. 13.

Den Anträgen auf Genehmigung von Straßenanlagen in Abänderung oder Ergänzung des Bebauungsplans sind Situations- und Nivellementspläne in der vom Magistrat für nothwendig erachteten Anzahl und Beschaffenheit beizufügen.

Auch ist auf Erfordern der Nachweis zu führen, in welcher Weise die Ausführung der Anlagen gesichert ist.

D. Anbau an vorhandenen unbebauten Straßen.

§. 14.

Von den Grundstücken, welche an einer zur Zeit des Erlasses dieses Statuts schon vorhandenen, bisher unbebauten Straße oder einem solchen Straßentheile liegen, ist, sobald diese Grundstücke an der Straße bebaut werden, das zur Freilegung der Straße in der durch den Bebauungsplan oder sonst in vorgeschriebener Weise festgestellten Breite erforderliche Terrain bis zur Mittellinie der Straße unentgeltlich abzutreten, freizulegen, in das vorgeschriebene Niveau zu bringen und zu pflastern. Bei Straßen von mehr als 26 Metern Breite erstreckt sich diese Verpflichtung auf 13 Meter der Straßenbreite.

E. Allgemeine Vorschriften.

§. 15.

Der Stadtgemeinde steht das Recht zu, in den Fällen der §§. 9 und 13 dieses Statuts die Ausführung der Straßenanlagen im öffentlichen Interesse selbst für Rechnung der Unternehmer zu übernehmen. In diesem Falle finden, soweit nicht besondere Vereinbarungen getroffen sind, die Vorschriften der §§. 1 bis 8 dieses Statuts Anwendung.

§. 16.

Als Anlage einer neuen Straße im Sinne dieses Statuts gilt auch die Umwandlung eines unregulirten Weges oder einer Landstraße in eine städtische Straße.

Berlin, den 7. März 1877.

Magistrat hiesiger Königl. Haupt- und Residenzstadt.

gez. **Hobrecht**.

Vorstehendes Ortsstatut wird auf Grund der §§. 15 und 18 des Gesetzes vom 2. Juli 1875, betreffend die Anlegung und Veränderung von Straßen und Plätzen in Städten und ländlichen Ortschaften (G.-S. S. 561), hierdurch bestätigt.

Berlin, den 19. März 1877.

(L. S.)

Der Minister des Innern.

gez. Graf **Eulenburg**.

Sachregister.

(Die in Klammern gestellten Zahlen bezeichnen die Nummern der Bemerkungen.)

A.

Abänderung von Fluchtlinien S. 24 (5)—25; 51 (5)—52;
der Straßeneintheilung in Bürgersteig, Fahrdamm ꝛc. S. 51 (4);
des Planes durch den Gemeindevorstand und die Beschlußbehörden S. 44 (2)—47.

Anbau an noch nicht fertiggestellten Straßen S. 69—72;
an schon vorhandenen, unbebauten Straßen S. 94—98;
an Feld- oder Kommunikations-Wegen S. 97 (2).

Angrenzende Eigenthümer des §. 15 S. 94 (2); 98 (4); 103 (6)—105.

Anlegung von Straßen — wann beginnt dieselbe? S. 105 (7 a).

Anliegerbeiträge des §. 15. Charakter als Gemeindelast S. 119 (10);
Zeitpunkt der Veranlagung S. 116 bis 119 (9 c und d); 119 (10 a);
Pflicht der Gemeindebehörde zur Rechnungslegung S. 119 (10 b);
dinglicher Charakter S. 121 (10 c) bis 124;
Rückstände S. 123;
Verjährung (direkte oder indirekte Steuer?) S. 124 (10 d)—128;
Kautionsforderung S. 128 (10 e) bis 129.

Aufhebung von Fluchtlinien S. 25 (5).

Aufsichtsbehörde der Ortspolizeibehörde, Befugnisse S. 26, 59;
der Gemeindebehörden:
kann die fehlende Zustimmung der Gemeindebehörden nicht ersetzen S. 28 (6);
Einwirkung bei Handhabung des Bauverbots aus §. 11 S. 59; aus §. 12 S. 77 (8); der §. 15 S. 116 (9 b); 119 (10); 132 (11).

Ausbau der Straßen S. 112 (8 b); 113 (8 c u. d)—114.

Ausbauten S. 54—56; 65 (6).

Ausgang nach der Straße S. 75 (7 c); 107 (7 c).

Auslegung des Planes S. 42 (2 u. 3); 48 (4).

Ausnahmen von dem Bauverbote des §. 11 S. 56—61; des §. 12 S. 76 (9).

B.

Bauen s. g. wildes S. 66.

Baufluchtlinie s. Fluchtlinie.

Baukonsens zu Bauten über die Fluchtlinie hinaus S. 56—61;
Hinzufügen von Bedingungen S. 60; 77; 129 (10 f);
Versagung vor endgültiger Festsetzung der Fluchtlinie S. 61 ff. (4);
Bedeutung und Wirkung S. 64 (5);
Ertheilung begründet keine Beitragspflicht aus §. 15 S. 108 (7 e);
Versagung zur Erzwingung der Anliegerbeiträge S. 129 (10 f).

Bauplatz-Eigenschaft eines Grundstückes S. 93 (11).

Baupolizeiliche Bestimmungen über Fertigstellung der Straßen S. 61 (4); 67 (3).

Bauten s. Ausbauten, Neubauten, Umbauten, Vorbauten.

Bauverbot aus §. 11 S. 53 ff.; aus §. 12 S. 66 ff.; 128—129 (10 e).

Bebauung in der Fluchtlinie gemäß §. 13 Nr. 3 S. 86 (10); Bestimmung der Straße zur Bebauung S. 22; 94 (2).

Bebauungsplan S. 35 (3); 36 (zu §. 4); Feststellung einzelner Theile S. 47 (3); Vorschriften für die Aufstellung S. 135 ff.; ältere: Formvorschriften für die Aufstellung, Veröffentlichung S. 49.

Behörden, betheiligte des §. 6: Benachrichtigung, Stellung zu den Ortspolizei- und Beschlußbehörden S. 38—39.

Beiträge der angrenzenden Eigenthümer s. Anliegerbeiträge.

Bekanntmachung des Planes S. 48 (4); der Ortsstatuten S. 67 (3).

Beleuchtung der Straßen S. 112 (8 b).

Bequemlichkeit des Verkehrs S. 35 (1).

Berlin, zuständige Behörden S. 133; Ortsstatut I S. 143; „ II S. 144; Regulativ vom 31. Dezember 1838 S. 18; 94 (2); 98 (4); 100; 115 (9 b); 119 (10); 120; 122.

Beschlußbehörden, Instanzenzug S. 38 (4); 133; Stellung im Allgemeinen S. 39 ff. (3); „ „ Falle des §. 5 S. 37 (3); „ „ „ §. 6 S. 39 ff. (3); „ „ „ §. 8 S. 44 (2); „ „ „ §. 9 S. 48 (2); Verfahren vor denselben S. 44 (2).

Beschränkung der Baufreiheit aus §. 11 S. 53 ff.; aus §. 12 S. 66 ff.; Entschädigung für dieselbe S. 79—82.

Betheiligte im Sinne des §. 16 S. 133.

Bezeichnung der Grundstücke im Plane S. 36 (zu §. 4).

Bezirksausschuß S. 38 (4); 67 (2); 133.

Bezirksrath s. Bezirksausschuß.

Breite der Straßen S. 36 (2); über 26 m. S. 102.

Bürgersteig S. 30 (8).

E.

Eckgebäude S. 75 (7 b); 107 (7 c).

Eigenthümer, angrenzende des §. 15 S. 94 (2); 98 (4); 103 (6)—105.

Einfriedigung von Grundstücken S. 54; 56 (3).

Einrichtung, erste der Straße S. 112 (8 b).

Einwendungen gegen den Plan, Befugniß zur Erhebung S. 42 (2); 43 (4); 133; Begründung S. 42 (2); Behandlung S. 44 ff.

Eisenbahn-Gesetz v. 3. November 1838 S. 52 (6).

Endgültig, Bedeutung im §. 11 S. 61 ff. (4); 81.

Enteignung, bei neueren Fluchtlinien bedarf es keiner Königlichen Verordnung S. 53 (1). bei älteren Fluchtlinien ist sie nothwendig S. 65 (6); Entziehung und Beschränkung des Grundeigenthums S. 78 (2)—80; Enteignungsrecht steht nur der Gemeinde zu S. 78 (1); 83 (6); Enteignung kann aber von dem Eigenthümer verlangt werden S. 82 (5); Verfahren S. 82 (5); 91 (11); Enteignung einzelner Gebäudetheile S. 92.

Entschädigung bei Versagung des Baukonsenses vor endgültiger Festsetzung der Fluchtlinie S. 80 (3); bei Versagung des Baukonsenses gemäß §. 12. S. 79; 82 (4);

Sachregister.

bei anderweiter Beschränkung der Baufreiheit S. 78 (2)—80;
für Entziehung von Grundeigenthum S. 82 ff. (5);
Eintritt der Entschädigungspflicht S. 82 (5);
keine Entschädigung für die Beitragspflicht aus §. 15 S. 93 (11); 111.

Entwässerung der Straße S. 36 (zu §. 4); 112 (8 b);
der angrenzenden Grundstücke S. 113 (8 b).

Entziehung des Grundeigenthums s. Enteignung u. Entschädigung.

Errichtung von Gebäuden an der Straße S. 75 (7 b); 107 (7 c);
vor oder nach Anlegung der Straße S. 105 (7 a);
durch den Eigenthümer oder Dritte S. 109 (7 f).

Erweiterung der Straße S. 24 (5); 51 (5);
von Wohngebäuden S. 74.

F.

Festsetzung von Fluchtlinien s. Fluchtlinien.

Festungsbehörde S. 39 (2).

Feuersicherheit S. 35 (1).

Fluchtlinien, eine Festsetzung ist erforderlich S. 24 (5);
Festsetzung zu anderen als Straßenzwecken S. 25 (5);
Aufhebung oder Veränderung von Fluchtlinien S. 25 (5);
zuständige Behörden für die Festsetzung S. 25 (6);
bei der Festsetzung zu beobachtende Rücksichten S. 29; 35 (1);
auf einer Seite der Straße S. 30 (8);
Bau- und Straßenfluchtlinien S. 31 (9); 33 (10);
Zurückweichen hinter die Baufluchtlinie S. 34 (10);
Verfahren s. d. Festsetzung S. 41 ff. (1);
förmliche Festsetzung S. 48 (4).
gegen die Festsetzung ist der Rechtsweg ausgeschlossen S. 48 (5);
Wirkungen der Festsetzung S. 50 (4); 53 (1 u. 2); 54—61; 64 (5);
Durchführung des Planes S. 50 (4);
Formen für Festsetzung älterer Fluchtlinien S. 49 (1);
Nichtveröffentlichung älterer Fluchtlinien S. 49 (2);
Wirkungen ält. Fluchtlinien S. 65 (6);
neue Fluchtlinien des §. 13 S. 78 (1);
Bebauung in der Fluchtlinie gemäß §. 13 Nr. 3 S. 86 (10);
Vorschriften für die Aufstellung von Fluchtlinien S. 135 ff.

Freilegung der Straße im Sinne des §. 13 Nr. 2 S. 85 (8);
im Sinne des §. 15 S. 110 (8 a).

Frist des §. 7 S. 43 (5);
des §. 12 S. 67 (2);
„ §. 16 S. 132.

Frontlänge des angrenzenden Grundstücks S. 114 (9 a).

G.

Gebäude, Begriff im Sinne des §. 13 Nr. 2 S. 84 (7); 85 (8); des §. 15 S. 106 (7 b);
Enteignung von Gebäuden und Gebäudetheilen S. 92;
Eckgebäude S. 75 (7 b); 107 (7 c);
vor und nach Anlegung der Straße errichtete Gebäude S. 105 (7 a).

Gefälle der Straße S. 36.

Gefängniß ist ein Wohngebäude S. 74.

Gemeinde, Bedeutung des Ausdruckes in den §§. 1 u. 2 S. 35 (3);
Stellung bei Durchführung der Fluchtlinien S. 50 (4);
Stellung bei Gesuchen um Ueberschreitung der Fluchtlinien S. 56 (3);
Stellung bei Handhabung des Bauverbots aus §. 12 S. 76 (8).

Gemeindebezirke, im Gemenge mit Gutsbezirken S. 48 (1); 104.
Gemeindelast, die Anliegerbeiträge S. 119 (10);
die Verpflichtung des Unternehmers S. 130 (11).
Gemeindevertretung, Zustimmung zu der Fluchtlinienfestsetzung S. 25 (6); 28 (6).
Gemeindevorstand, hat die Fluchtlinie festzusetzen S. 25 (6);
in Orten, wo er auch die Ortspolizei verwaltet S. 26—27;
in selbständigen Gutsbezirken S. 28 (6);
Verhältniß zur Gemeindevertretung S. 25 (6); 28 (6); 37 (2);
bei Betheiligung mehrerer Gemeinden S. 48 (zu §. 9);
Stellung bei Ausbau u. Unterhaltung der Straße S. 113 (8 d).
Gesundheit, öffentliche S. 35 (1).
Grunderwerb für die Straße S. 110 (8 a).
Grundstück, genaue Bezeichnung der Grundstücke im Plane S. 36 (zu §. 4);
einzelne Grundstücke des §. 7 Abs. 2 S. 43 (4);
Freilegung des Grundstückes im Sinne des §. 13 Nr. 2 S. 85 (8);
Restgrundstück bei Enteignung S. 92;
Selbständigkeit der einzelnen angrenzenden Grundstücke S. 114 (9 a);
Veräußerung der angrenzenden Grundstücke S. 122—123.
Gutsbezirke, Ortschaften in denselben S. 28 (6);
im Gemenge mit Gemeindebezirken S. 48 (1); 104.

H.

Handelsminister, an seine Stelle ist der Minister der öffentlichen Arbeiten getreten S. 134 (zu §. 20).
Hinausbauten über die Fluchtlinie S. 55; 65.
Höhenlage der Straße S. 36 (zu §. 4).

K.

Kanalisirung der Straßen u. Grundstücke S. 113 (8 b).
Kautionsforderung für die Anliegerbeiträge S. 128 (10 e).
Kosten des Festsetzungsverfahrens S. 48 (6);
der Straßenanlage S. 109 ff. (8);
Grunderwerb S. 110 (8 a); erste Einrichtung, Entwässerung u. Beleuchtung S. 112 (8 b); Maßregeln zur Vorbereitung und Durchführung des Ausbaus S. 113 (8 c u. d);
Zusammenrechnen der Kosten der gesammten Straßenanlage S. 114 (9);
Vertheilung der Anlegungs- u. Unterhaltungskosten auf die Anlieger S. 114 (9).
Kreisausschuß s. Beschlußbehörden.

L.

Ländliche Ortschaften S. 28 (6); 133.

M.

Magistrat als Polizeiverwalter S. 27.
Minister der öffentlichen Arbeiten, an die Stelle des Handelsministers getreten S. 134;
Befugnisse aus dem Eisenbahngesetze S. 52 (6);
Zuständigkeit für Berlin S. 133 (zu §§. 17 u. 18).

N.

Neubauten S. 54; 65.
Nivellement der Straße S. 36.

O.

Offenlegung des Plans S. 42 (2 u. 3); 48 (4).

Ortspolizeibehörde, Wahrnehmung der Geschäfte durch den Gemeindevorstand S. 26; 27; 77;
Wahrnehmung der Geschäfte durch zwei verschiedene Behörden S. 27; 30 (7);
Wahrnehmung der Geschäfte auf dem Lande S. 28 (6);
Zustimmung zur Fluchtlinienfestsetzung S. 26;
Recht, eine Fluchtlinienfestsetzung zu verlangen S. 28 (7); 35 (3);
Stellung zu den betheiligten Behörden des §. 6 S. 39 (3);
Einwirkung auf die Durchführung des Planes S. 50 (4);
Handhabung der Baupolizei, insbesondere bei Bauten über die Fluchtlinie hinaus S. 57 ff.; gegenüber dem Bauverbote des §. 12 S. 77 ff.;
zur Sicherung der Rechte der Gemeinde aus §. 15 S. 129 (10 f).
Ortschaft in selbständigen Gutsbezirken S. 28 (6);
in mehreren Kommunalbezirken belegene S. 48 (zu §. 9, 1).
Ortsstatut zur Ausführung des §. 12 S. 67 ff.; des §. 15 S. 93 ff.; 104;
I. für Berlin S. 143;
II. „ „ S. 144.

P.

Plätze S. 23 (3 u. 4); 31 (8).
Planken S. 85 (7).
Polizeibehörde s. Ortspolizeibehörde und Aufsichtsbehörde.
Polizeiliche Bestimmungen über Fertigstellung von Straßen S. 61 (4); 67 (3).
Polizeiliche Rücksichten bei Fluchtlinienfestsetzungen S. 29.
Präzipualleistungen für Gemeindezwecke S. 99.

Privatstraßen S. 23 (4); 25 (5) 69; 70.
Promenaden S. 22; 30 (8); 51.
Provinzialrath S. 133, 134; vgl. auch Beschlußbehörden.
Publikation s. Veröffentlichung.

Q.

Querstraße S. 82 (5); 86 (10).

R.

Rechnungslegung über die Kosten der Straßenanlage S. 114 (8 d); 119 bis 121.
Rechtsweg, gegen Fluchtlinienfestsetzung ausgeschlossen S. 48 (5);
unzulässig bei Streitigkeiten über Anliegerbeiträge S. 119 (10);
zulässig bei Streitigkeiten über freiwillig übernommene Sicherheitsleistungen S. 128 (10 e);
bei Streitigkeiten zwischen Unternehmer u. Gemeinde S. 130 (11).
Regreßpflicht bei Veräußerung eines an die neue Straße grenzenden Grundstücks S. 123.
Reparaturen von Bauwerken jenseits der Fluchtlinie S. 54.
Retablissementsplan S. 35 (2 u. 3).
Rohbau im Gegensatz zu Ausbau S. 55.
Rückstände der Anliegerbeiträge S. 123.

S.

Scheidewände S. 85 (7).
Schuppen S. 54; 85 (7).
Sicherheitsleistung für die Anliegerbeiträge S. 128 (10 e);
freiwillig übernommene S. 128 (10 e).
Städte bis zu und über 10 000 Seelen S. 133.
Stadtkreise S. 133.
Straße, Begriff S. 21 (3);
öffentliche und Privatstraße S. 23 (4); 25 (5); 69; 70;

Entstehung ohne Fluchtlinienfestsetzung S. 24 (5);
Veränderung, insbesondere Erweiterung S. 24 (5); 51—52; 78 (1);
räumlicher Umfang S. 30 (8);
Verunstaltung S. 35 (1);
Breite u. Gefälle S. 36 (2 u. 8. zu §. 4);
Eintheilung in Bürgersteig, Fahrdamm ꝛc. S. 51;
Ausbau S. 51; 100; 112 (8 b);
projektirte Straßen S. 69 (5 a);
historische Straßen S. 70 (5 b); 98 (3);
Verlängerung bestehender Straßen S. 94 (2);
Anbau an vorhandenen, unbebauten Straßen S. 94 (2);
Regulirung bestehender Straßen S. 98 (3);
Anlegung, wann beginnt dieselbe? S. 105 (7 a).
Straßendamm S. 30 (8).
Straßenfluchtlinie s. Fluchtlinie.
Straßenpolizei, vom Magistrat verwaltet S. 27;
vgl. auch Ortspolizeibehörde.
Straßentheil S. 34 (1); 72 (6); 94 (2); 97.

U.

Umbauten S. 54—55; 65.
Umwandlung einer Privatstraße in eine öffentliche Straße S. 24 (4);
eines Gebäudes in ein Wohnhaus S. 74.
Unterhaltung der Straße S. 23 (4); 24 (4); 100; 101; 113 (8 d); 114 (9); 118 (9 d); 126.
Unternehmer von Straßenanlagen S. 94 (1 u. 2); 97 (2); 98 (4); 130 (11).

V.

Veränderung s. Abänderung.
Veräußerung eines an die neue Straße grenzenden Grundstücks S. 122—123.
Verjährung der Anliegerbeiträge S. 124 bis 128;
der Pflicht des Unternehmers S. 132.
Verkehr, Bequemlichkeit u. Sicherheit desselben S. 29; 35 (1).
Verlängerung bestehender Straßen S. 94 (2).
Veröffentlichung des Planes S. 42 (2 u. 3); 48 (4);
älterer Pläne S. 49 (2);
der Ortsstatuten S. 67 (3).
Versagung von Bauten s. Bauconsens.
Vertheilung der Kosten auf die Anlieger — Maßstab S. 114 (9); Zeitpunkt S. 116—119.
Verunstaltung der Straßen S. 35 (1).
Vorbauten S. 55; 65.
Vorgärten S. 31 (9); 52 (5).
Vorsprünge an Bauwerken S. 55; 65.

W.

Wasserleitung S. 113 (8 b).
Wege, im Unterschiede von Straßen S. 21 (3); 69 (5 a); 97 (2).
Wiederaufbau zerstörter Wohngebäude S. 74.
Wiedereinsetzung in den vorigen Stand S. 43 (5); 67 (2).
Wohngebäude Begriff S. 73 (7 a);
Errichtung S. 74;
Belegenheit an der Straße S. 75 (7 b); 107 (7 c);
Ausgang nach der Straße S. 75 (7 c).

Z.

Zäune S. 54; 55; 85 (7).
Zurückweichen hinter die Baufluchtlinie S. 34 (10).

Verlag von J. Guttentag (D. Collin) in Berlin.

Guttentag'sche Sammlung
Deutscher Reichs- und Preußischer Gesetze.

Text-Ausgaben mit Anmerkungen.

Taschenformat, cartonnirt.

1. **Die Verfassung des Deutschen Reichs** von Dr. L. von Rönne. Fünfte Auflage. 1 Mark.
2. **Strafgesetzbuch für das Deutsche Reich.** Von Dr. H. Rüdorff. Vierzehnte Auflage. 1 Mark.
3. **Militär-Strafgesetzbuch für das Deutsche Reich** von Dr. H. Rüdorff. Zweite Auflage von W. L. Solms. 2 Mark.
4. **Allgemeines Deutsches Handelsgesetzbuch** unter Ausschluß des Seerechts. Von F. Litthauer, Rechtsanwalt. Sechste Auflage. 2 Mark.
5. **Allgemeine Deutsche Wechselordnung** von Dr. S. Borchardt. Fünfte Auflage von F. Litthauer, und **Wechselstempelsteuergesetz nebst Wechselstempelsteuertarif** von V. Gaupp. Vierte Auflage. 1 Mark 80 Pf.
6. **Reichs-Gewerbe-Ordnung** mit den für das Reich erlassenen Ausführungsbestimmungen. Von T. Ph. Berger, Regierungsrath. Neunte Auflage. 1 Mark 25 Pf.
7. **Die Deutsche Post- und Telegraphen-Gesetzgebung.** Von Dr. P. D. Fischer. Dritte Auflage. 2 Mark 50 Pf.
8. **Die Gesetze über den Unterstützungswohnsitz,** über Bundes- und Staatsangehörigkeit und Freizügigkeit. Von Dr. J. Krech. Zweite Auflage. 2 Mark.
9. **Sammlung kleinerer Reichsgesetze.** Ergänzung der im J. Guttentag'schen Verlage erschienenen Einzel-Ausgaben deutscher Reichsgesetze. Vierte Auflage von M. Werner. 2 Mark 40 Pf.
10. **Das Reichsbeamtengesetz** vom 31. März 1873. Zweite Auflage von W. Turnau, Reichsgerichtsrath. 2 Mark 40 Pf.
11. **Civilprozeßordnung mit Gerichtsverfassungsgesetz, Einführungsgesetzen, Nebengesetzen und Ergänzungen.** Von R. Sydow. Vierte Auflage. 2 Mark 50 Pf.
12. **Strafprozeßordnung nebst Gerichtsverfassungsgesetz.** Vierte Auflage von Hellweg. 1 Mark 60 Pf.
13. **Konkursordnung mit Einführungsgesetz, Nebengesetzen und Ergänzungen.** Von R. Sydow. Dritte Auflage. 80 Pf.
14. **Gerichtsverfassungsgesetz für das Deutsche Reich.** Von R. Sydow. Vierte Auflage. 80 Pfg.
15. **Gerichtskostengesetz und Gebührenordnung für Gerichtsvollzieher. Gebührenordnung für Zeugen und Sachverständige. Mit Kostentabellen.** Von R. Sydow. Dritte Auflage 80 Pf.
16. **Rechtsanwaltsordnung für das Deutsche Reich.** Von R. Sydow. Zweite Auflage. 50 Pf.
17. **Gebührenordnung für Rechtsanwälte.** Von R. Sydow. Dritte Auflage. 60 Pf.
18. **Das Deutsche Reichsgesetz über die Reichsstempelabgaben** in der Fassung des Gesetzes vom 29. Mai 1885. Von V. Gaupp. Dritte Auflage. 1 Mark 50 Pf.
19. **Die Seegesetzgebung des Deutschen Reiches.** Von Dr. jur. W. E. Knitschky. 5 Mark.

20. **Gesetze, betreffend die Krankenversicherung der Arbeiter.** Von E. von Woedtke. Dritte Auflage. 1 Mark 20 Pf.
21. **Die Konsulargesetzgebung des Deutschen Reiches.** Von Dr. Philipp. Zorn. 4 Mark.
22. **Patentgesetz. Gesetz über Muster- und Modellschutz. Gesetz über Markenschutz.** Nebst Ausführungsbestimmungen. Von T. Ph. Berger. Zweite Auflage. 1 Mark.
23. **Unfallversicherungsgesetz** vom 6. Juli 1884 und **Gesetz über die Ausdehnung der Unfall- und Krankenversicherung** vom 28. Mai 1885. Von E. von Woedtke. Dritte Auflage. 2 Mark.
24. **Reichsgesetz, betreffend die Kommanditgesellschaften auf Aktien und die Aktiengesellschaften.** Von H. Keyßner und Dr. H. V. Simon. Zweite Auflage. 1 Mark.
25. **Das Deutsche Reichsgesetz wegen Erhebung der Brausteuer** vom 31. Mai 1872. Von E. Bertho. 1 Mark 60 Pf.
26. **Die Reichsgesetzgebung über Münz- und Bankwesen, Papiergeld, Prämienpapiere und Reichsanleihen.** Von Dr. R. Koch. 2 Mark 40 Pf.
27. **Die Gesetzgebung, betr. das Gesundheitswesen im Deutschen Reich.** Von Dr. jur. E. Goesch und Dr. med. J. Karsten. 1 Mark 60 Pf.
28. **Gesetz, betreffend die Unfallversicherung der bei Bauten beschäftigten Personen.** Vom 1. Juli 1887. Von Leo Mugdan. 1 Mark 25 Pf.
29. **Gesetz, betreffend die Erwerbs- und Wirthschaftsgenossenschaften.** Von L. Parisius. 1 Mark.
30. **Gesetz, betreffend die Alters- und Invaliditätsversicherung der Arbeiter.** Von E. von Woedtke. (In Vorbereitung.)

Reichs-Justizgesetze. Text-Ausgabe ohne Anmerkungen. (Gerichtsverfassungsgesetz. Strafprozeßordnung. Civilprozeßordnung. Konkursordnung.) Gebunden in roth Leinen. 3 Mark 50 Pf.

1. **Die Verfassungs-Urkunde für den Preußischen Staat.** Von Dr. Adolf Arndt. Zweite Auflage. ca. 2 Mark.
2. **Beamten-Gesetzgebung, Preußische.** Enthaltend die wichtigsten Beamtengesetze in Preußen. Mit kurzen Anmerkungen, einem chronologischen Verzeichniß der abgedruckten Gesetze 2c. Von E. Pfafferoth. Zweite neubearbeitete Auflage. 1 Mark 50 Pf.
3. **Das Preußische Gesetz, betr. die Zwangsvollstreckung in das unbewegliche Vermögen** vom 13. Juli 1883 und allen Nebengesetzen. Von Dr. J. Krech und Dr. O. Fischer. Zweite Auflage. 1 Mark.
4. **Die Preußischen Gesetze, betreffend das Notariat** in den Landestheilen des gemeinen Rechts und des Landrechts. Von Dr. Kühne und R. Sydow. 1 Mark 20 Pf.
5. **Das Gesetz vom 24. April 1854** (betr. die außereheliche Schwängerung) und die daneben geltenden Bestimmungen des Allg. Landrechts nebst den dazu ergangenen Präjudikaten, der Litteratur 2c. Von Dr. jur. H. Schultze. 75 Pf.
6. **Die Preußischen Ausführungsgesetze und Verordnungen zu den Reichsjustizgesetzen.** Von R. Sydow. 2. Auflage. 2 Mark.
7. **Allgemeine Gerichtsordnung für die Preußischen Staaten vom 6. Juli 1793 und Preußische Konkursordnung vom 8. Mai 1855.** Von F. Bierhaus. 2 Mark 50 Pf.
8. **Die Vormundschafts-Ordnung vom 5. Juli 1875**, nebst den dazu erlassenen Nebengesetzen und Allgemeinen Verfügungen. Von Max Schultzenstein. 1 Mark 20 Pf.
9. **Die Preußische Grundbuchgesetzgebung.** Von Prof. Dr. O. Fischer. 1 Mark 20 Pf.

Verlag von **J. Guttentag** (D. Collin) zu Berlin SW. 48,
Wilhelmstraße 119/120.

Die Kreisabgaben
im Geltungsbereiche der Kreisordnung
vom 13. Dezember 1872.
Von
R. Friedrichs,
Oberverwaltungsgerichtsrath.
Cart. 3 Mark.

Die Konzessionirung gewerblicher Anlagen in Preußen.
Sammlung aller darauf bezüglichen
**Reichs- und Preußischen Gesetze, Ausführungs-Bestimmungen,
Ministerial-Verordnungen und technischen Anleitungen**
nebst
Beispielen zu Konzessions-Gesuchen und Konzessions-Urkunden.
Von
Dr. von Rüdiger,
Königlich Preußischer Gewerberath.
Geb. 6 Mark 50 Pf.

Anleitung
zur
**Bildung öffentlicher Genossenschaften zur Ent- und Bewässerung
von Grundstücken für Zwecke der Landeskultur**
in den Provinzen
Ostpreußen, Westpreußen, Brandenburg, Posen, Schlesien, Sachsen,
Rheinprovinz und Westfalen mit Ausnahme des Kreises Siegen
nebst den in Betracht kommenden
Gesetzen und Ministerialerlassen.
Zugleich
ein kurzes Handbuch des landwirthschaftlichen Wasserrechts für Jedermann.
Von
Dr. jur. Bernhard Weddige,
Regierungsrath und Landeskulturdezernent bei der Regierung in Koblenz.
Geb. 5 Mark.

G. Pätz'sche Buchdr. (Lippert & Co.), Naumburg a/S.